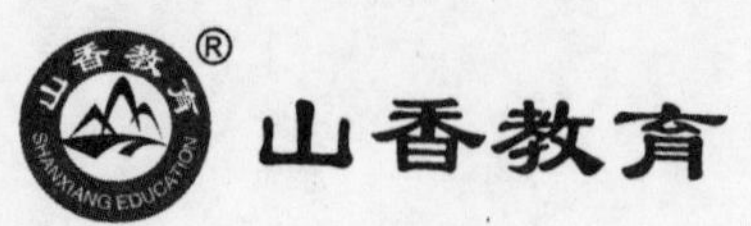

教师招聘考试
历年真题解析及预测试卷
中学美术

山香教师招聘考试命题研究中心　主编

在版编目(CIP)数据

招聘考试历年真题解析及预测试卷．中学美术 /
招聘考试命题研究中心主编．--北京：首都师
版社，2022.12
978-7-5656-7253-8

①教… Ⅱ．①山… Ⅲ．①美术课-教学法-中学
用-资格考试-习题集 Ⅳ．①G451.1-44

版本图书馆 CIP 数据核字(2022)第 204814 号

聘考试历年真题解析及预测试卷
XUE MEISHU
术
师招聘考试命题研究中心　主编

张文强
董　晴　曹亮亮　　　　封面设计　山香教育
大学出版社出版发行
北京市海淀区西三环北路 105 号
100048
010-68418523(总编室)　　　010-68982468(发行部)
http://cnupn.cnu.edu.cn
河南黎阳印务有限公司
全国新华书店
2022 年 12 月第 1 版
2023 年 1 月第 1 次印刷
787mm×1092mm　1/16
14
300 千
42.00 元

前　　言

近年来，国家扩大和补充教师队伍的政策力度不断加大，教育部指出："深化教师队伍补充机制改革，确保教师聘用质量。全面推行新任教师公开招聘制度，形成长效机制。"这意味着教师招聘考试各方面将日益规范和深入。对每一位立志成为人民教师的考生来说，这既是新的契机，也将是巨大的挑战。教师招聘考试（教师入编考试，简称招教）是我国公开招聘教师的选拔性考试，其目的是为教育行政部门录用优秀教师提供参考。各地依据考生笔试成绩，结合面试情况，按已确定的招聘计划择优录取。

考生如何在严峻的教师招聘考试中脱颖而出呢？除了要具备扎实的专业知识外，短时间内系统、针对性地复习和训练也是必备的。为了让更多的考生有针对性地备考，使复习有方向、有条理，作为国内研究开发教师招聘考试辅导教材的专业机构，山香教育专门为有志于教育事业、需要通过教师招聘考试实现人生理想的广大考生朋友推出了本试卷。2022 年，我们根据新的招教考试文件和考试精神，结合历年真题，编写了《教师招聘考试历年真题解析及预测试卷·中学美术》。

本试卷具有以下特点：

第一，真题新。本试卷历年真题部分精选了全国各地教师招聘考试最具有代表性的最新真题，知识点涵盖全面且题型丰富多样化，透视了课程标准和考试大纲的要点，预示了教师招聘考试的命题趋势。

第二，内容精。预测试卷部分是在充分研究各地考情和历年真题的基础上修订的。它注重对思想和方法的考查，注重对能力的考查，同时兼顾试题的基础性、综合性和现实性，重视试题间的层次性，合理调控综合程度，坚持多角度、多层次考查，努力实现综合素养的要求。

本试卷难免存在一些不足之处，衷心希望各位读者朋友批评指正，同时希望本试卷能为考生顺利通过招教考试提供帮助。

编　者

目　录

答案及解析单独成册

真题试卷

2022年浙江省杭州市教师招聘考试真题试卷(一)

中小学美术

(满分100分　时间120分钟)

本套试卷共33小题,包括单项选择题(10小题),填空题(13小题),名词解释(4小题),简答题(3小题),绘图题(1小题),教学设计题(2小题,只收录初中、高中阶段教学设计题)。

一、选择题(本大题共10小题,每小题2分,共20分)

1. 中国传统园林的基本造园手法是(　　)

A. 移天缩地　　B. 叠山理水　　C. 天人合一　　D. 巧于因借

2. 中国五大名窑是(　　)(易混)

A. 定窑、官窑、越窑、钧窑、汝窑　　B. 汝窑、官窑、邢窑、钧窑、哥窑

C. 越窑、钧窑、定窑、官窑、汝窑　　D. 定窑、汝窑、官窑、哥窑、钧窑

第2题

3. 下图作品的作者是(　　)

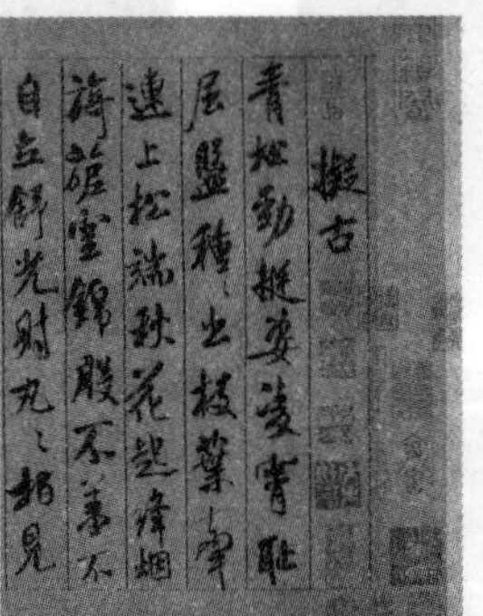

A. 米芾　　B. 黄庭坚　　C. 苏轼　　D. 蔡襄

4.《清明上河图》是(　　)类型的作品。(常考)

A. 风景画　　B. 历史画　　C. 山水画　　D. 风俗画

5. 下图篆刻作品的作者是(　　)

第5题

A. 吴昌硕　　B. 赵之谦　　C. 丁敬　　D. 陈鸿寿

6. 下列画家中哪一位融合了中西之长(　　)

A. 齐白石　　B. 潘天寿　　C. 徐悲鸿　　D. 黄宾虹

7. 以下哪一项不属于中国民间美术(　　)

A. 皮影　　B. 中国画　　C. 刺绣　　D. 年画

8. 招贴画的构成要素主要包括(　　)

A. 文字、编排、色彩　　B. 创意、文字、形式

C. 文字、图形、色彩　　D. 信息、图像、色调

第8题

9. 作品《记忆的永恒》是以下哪位艺术家的作品(　　)

A. 毕加索　　B. 马蒂斯　　C. 达利　　D. 康定斯基

10. 图中的雕塑作品是什么风格(　　)

A. 洛可可　　B. 巴洛克　　C. 新古典主义　　D. 现实主义

二、填空题(本大题共13小题,每空1分,共20分)

11. 商代的青铜器威严神秘,其中________是青铜器纹样的代表。(常考)

12. ________是唐代仕女画的传世孤本。

13. "笔底明珠无处卖,闲抛闲掷野藤中"是画家________在作品________上题写的诗句。

第13题

14. 四大名绣有苏绣、________、________、________。(易错)

15. 绘画作品《万山红遍》取自毛泽东的诗词"看万山红遍,层林尽染;漫江碧透、百舸争流"。其作者是________。

16. 根据艺术形象的特征来划分,美术可分为________、________、抽象艺术。

17. 形式美的基本法则有对称与均衡、________、________等。

18. 浮雕介于________和________之间。

19. 古埃及艺术的程式是________。(常考)

20.《倒牛奶的女仆》的作者是________(国家)的________。

第19题

21. 把珂勒惠支的版画作品第一个介绍到中国来的人物是________。

22. 色相环中180°正对的对比色称________。

23. 2022年冬奥会的总导演是________,主张绿色奥运。

三、公共空间如何借用雕塑来构建公共场域

传统公共空间的雕塑多为纪念性雕塑，公众与其的关系往往是仰望与观赏的关系。近几年，以雕塑为主导的公共艺术力求消解艺术与公众之间的距离，打破艺术与观赏者之间的界限，引导观赏者更主动地参与艺术活动，让公众介入艺术，让艺术融入生活，让艺术的"人民性"在作品形式与内涵上得以充分体现。

■ 学习任务三

请查阅一到两件在不同空间中的典型雕塑作品，通过小组讨论，了解观众与雕塑产生互动的方式。

川军出征抗日阵亡将士纪念碑（局部） 铜铸 高 260cm
刘开渠 1943 年 成都人民公园
川军出征抗日阵亡将士纪念碑得到了大众的认可，不仅仅是因其形象，更是因为它诞生于特殊的历史时期，是为缅怀将士、激励民众万众一心投入抗日救亡运动而作。中华人民共和国成立后，它成为几代人共同的记忆，寄托着几代人无限的哀思。

抗战时期的刘开渠

行进 废金属 高 110cm **徐国华** 2001 年 北京国际雕塑公园

■ 思考·探究

你所居住的城市或家乡，适合什么样的雕塑？参考本课展示的城市雕塑，请你设计一件城市雕塑，并画出草图。

鲸之泉 混凝土、陶瓷贴面 高 260cm
许庚岭 2002 年 北京国际雕塑公园

和平颂 不锈钢 高 1000cm
霍波洋、王洪亮等 1986 年 辽宁抚顺市

凯风 不锈钢 高 300cm **文楼（中国香港）** 2002 年 北京国际雕塑公园

雕塑之于生活、之于城市、之于人类都有着重要的价值与意义。站在川军出征抗日阵亡将士纪念碑前，我们可以通过雕塑去重温历史的文脉。我们不禁要想，在城市的规划与发展中，城市的人文精神与历史文脉通过雕塑如何得以彰显和延续？这时，作为实体的雕塑艺术，将历史文化进行了创造性的转化，承载起更丰富的文化信息，储藏着更深刻的历史记忆，更凝聚对未来的憧憬。

我国现当代雕塑家开始不断地思考与探索中国传统艺术与文化精神的体现方式，开始重新认识人与自然的关系，关注生存状态并讨论自然与城市化的问题。经过近半个世纪的摸索，当今的雕塑不断充实着雕塑的创作语汇。在公共场所中，作品体现出更为开放、包容和互动的新格局，呈现出田园牧歌般的艺术图景，体现着中国特色、中国风格和中国气派。

■ 学业水平等级划分

学完本单元后，你对雕塑单元的内容掌握得如何？请与下表的要求进行比对。

水平	质量描述
一	1. 能根据材料、工具、技法或题材内容区分雕塑作品的不同类型，并说明其特点。 2. 能了解雕塑的功能和价值。 3. 能与同学交流自己对雕塑作品的想法和观点。
二	1. 能比较分析中外雕塑在材料、技法和风格特征方面的基本差异。 2. 能选择古今中外的雕塑作品，收集创作背景和艺术家生平资料，分析作品中隐含的文化因素。 3. 能分析和判断生活中见到的纪念碑雕塑和景观雕塑作品，并与同学交流自己的看法。
三	1. 能选择几件中外雕塑作品，收集相关资料，从其创作观念、技术等方面区分不同的作品。 2. 能选择不同时代的中国雕塑作品，进行比较分析，探讨其不同的艺术特点与本民族文化历史的关系，尊重本民族的文化艺术。 3. 能分析、讨论中外雕塑家为社会发展所做出的贡献。

2022 年湖南省长沙市长沙县教师招聘考试真题试卷(二)

中小学美术

(本套试卷只收录学科专业知识部分)

本套试卷共 42 小题,包括单项选择题(30 小题),判断题(10 小题),简答题(1 小题),美术技能题(1 小题)。

一、单项选择题(本大题共 30 小题,每小题 1 分,共 30 分)

1. (　　)是西周晚期著名的青铜器,造型浑厚而凝重,纹饰十分简洁有力,古雅朴素,标志着西周青铜器已经从浓重的神秘色彩中摆脱出来,淡化了宗教意识而增强了生活气息。

A. 毛公鼎　　B. 莲鹤方壶

C. 四羊方尊　　D. 司母戊鼎

2. 关于秦汉美术的发展,错误的是(　　)

第 2 题

A. 秦汉绘画包括宫殿寺观壁画、墓室壁画、帛画等

B. 建筑结构简朴大气,没有装饰

C. 这一时期书法作为一门艺术确立起来

D. 秦汉雕塑是中国雕塑史上的第一个高峰

3. (　　)第一次从理论上阐述了书画同源的问题。(易错)

A.《画山水序》　　B.《论画》

C.《历代名画记》　　D.《画品》

4. 关于《明皇幸蜀图》,下列说法错误的是(　　)

A. 属于大青绿设色绢本　　B. 描绘了唐玄宗避难入蜀这一历史题材

C. 采用散点透视的方法,全景式构图　　D. 以罩染方式进行,设色艳丽,有装饰感

5. 北宋画家、理论家(　　)的山水画真实微妙地表现出不同地区、季节、气候的特点,画图远近浅深、四时朝暮、风雨明晦不同,代表作品为《早春图》。

A. 马远　　B. 吴镇　　C. 郭熙　　D. 夏圭

6. (　　)主张"折衷东西方",吸收外来画法,表现时代精神。

第 6 题

A. 岭南画派　　B. 海派

C. 扬州画派　　D. 松江派

7. 如图所示,下列说法错误的是(　　)

A. 该作品为《纳拉姆辛石板》　　B. 画面具有情节性、戏剧性

C. 人物大小关系表明存在等级观念　　D. 是纪念碑圆雕

8. "文艺复兴三杰"不包括(　　)(常考)

A. 达・芬奇　　B. 拉斐尔

C. 米开朗基罗　　D. 米隆

9. (　　)是 17 世纪意大利现实主义美术的杰出代表,描绘下层平民的日常生活,把宗教题材当做日常风俗画来画,具有民主色彩和社会批判性。

第 9 题

A. 维米尔　　B. 卡拉瓦乔

C. 鲁本斯　　D. 委拉斯贵支

10. 下列不属于安格尔的作品的是(　　)(常考)

A.《泉》　　B.《大宫女》

C.《乡村的订婚》　　D.《荷马的礼赞》

11.《马赛曲》是(　　)的作品,为凯旋门的(　　)

A. 罗丹、浮雕　　B. 吕德、浮雕

C. 罗丹、圆雕　　D. 吕德、圆雕

12. 下列关于达达主义的说法错误的是(　　)

第 12 题

A. 贬低传统价值,嘲弄一切陈规教条

B. 提倡理想的生活和理想的文艺,否定虚无主义

C. 杜尚是最具影响力的人物

D. 在创作中广泛使用现成品和拼贴,作品新奇大胆

13. 下列色彩中(　　)常让人联想到平静、悠久、理智、深远。

A. 蓝色　　B. 黄色

C. 紫色　　D. 绿色

14. 色光三原色的混合是________，两种色光相混，得出新色光，明度________，纯度________，选(　　)

第 14 题

A. 正混合、增高、增高　　B. 负混合、降低、增高

C. 正混合、增高、降低　　D. 负混合、降低、降低

15. 如下图所示，表示高光的是(　　)

A. A　　B. B　　C. C　　D. D

16. 在(　　)中，立方体的边棱呈现两种状态，两组变线水平消失方向不一，形成两个灭点。

A. 散点透视　　B. 平行透视　　C. 曲线透视　　D. 成角透视

17. 下列肌肉中属于咀嚼肌的是(　　)

A. 咬肌　　B. 口轮匝肌　　C. 颏肌　　D. 上唇方肌

18. 关于油画，下列描述错误的是(　　)

A. 作画工具有笔、刀、调色板等　　B. 油画颜料本身具有透明性

C. 在练习细部刻画后要整体调整　　D. 董希文的《开国大典》是油画

19. 在中国画用墨方法中，(　　)指落墨在纸上，由于毛笔含水，墨多和着色重，笔痕渗开，色淡水润，可增加肥厚和毛茸茸的效果，画羽毛常用。

A. 积墨　　B. 破墨　　C. 泼墨　　D. 渗墨

20. 关于水彩画的描述，下列说法错误的是(　　)

A. 小面积的修改可利用海绵　　B. 枯笔不适合画满整个画面

C. 高光的表现用不透明的白粉提出　　D. 水彩画的色彩可以小粒状喷洒于纸上

21. 下列纹样属于(　　)(易混)

A. 自由纹样　　B. 四方连续

C. 适合纹样　　D. 二方连续

22. 关于构图，下列说法错误的是(　　)

A. "S"形构图加强生动性　　B. 倒置三角形构图给人稳定感

C. 构图均衡可以防止构图中心不稳或偏移　　D. 构图要有主次，主体所占的位置较大

23. 下列书法家中写草书，史称"草圣"的是(　　)

A. 怀素　　B. 欧阳询

C. 颜真卿　　D. 王羲之

24. 哥特式建筑的特点不包括(　　)(易错)

A. 继承和大规模使用了有肋的尖顶结构

B. 威严庄重又豪华富丽，形式上高度提炼和简化，具有程式化手法

C. 外部广泛运用尖枪形拱窗门、拱门和小尖塔

D. 发明了新的具有结构力学意义的扶壁和石头树式的穹顶肋架结构

25. 现代产品设计要充分考虑产品的两大主要功能，即(　　)

①实用功能　②设计功能　③鉴赏功能　④收藏功能　⑤审美功能

A. ①②　　B. ③④　　C. ②④　　D. ①⑤

26. 民族服装中，(　　)服饰最基础的特征是肥腰、长袖、大襟、长裙、长靴等。

A. 满族　　B. 苗族

C. 藏族　　D. 维吾尔族

27. 关于版画，下列说法错误的是(　　)

第 27 题

A. 桃花坞木板年画粗犷朴实，充满乡土气息　　B. 明清两朝是我国版画发展高峰时期

C. 凸版版画包括水印木刻、木面木刻　　D. 铜版版画起源于欧洲，制作常用腐蚀法

28. 脸谱通常用(　　)表示奸诈多疑，含贬义，代表凶诈。

A. 红色　　B. 白色

C. 黑色　　D. 绿色

29. 摄影中景深的长短与下列哪项因素关系不大(　　)

A. 镜头焦距　　B. 所用光圈

C. 快门速度　　D. 相机与拍摄对象的距离

30. 在 AdobePhotoshop 中，"反向选择"的快捷键是(　　)

A.【Ctrl + F】　　B.【Ctrl + D】

C.【Ctrl + Shift + L】　　D.【Ctrl + Shift + I】

二、判断题(本大题共 10 小题,每小题 1 分,共 10 分)

31. 董源的山水画中常用皴法为卷云皴。 ( )

32. 佛罗伦萨画派以人文主义为主导,将自然科学取得的成就运用在艺术领域,发展了透视画法、明暗画法和艺用解剖学,代表画家有乔托、马萨乔等。 ( )

33. 毕加索的《格尔尼卡》被认为是立体主义的开山之作。(易错) ( )

34. 半坡类型的彩陶,器型有圆底、平底钵、平底盆、鼓腹罐、细颈瓶等,代表作品有《三鱼纹彩陶盆》《人面鱼纹彩陶盆》。(常考) ( )

35. 绿色和紫色为互补色。 ( )

36. 剪纸中,阴刻是刻去空白部分,保留轮廓线的技法,它是套色剪纸中最常用的技法。 ( )

37. 矢量图可以无限地缩放。 ( )

38. 西安小雁塔不属于密檐式结构佛塔。 ( )

39. 艺术构思的实质是艺术家对社会现实的一种审美活动,是艺术家在深入观察、思考和体验生活的基础上,加以选择、加工、提炼、组合,融汇了艺术家的想象、情感等诸多因素,形成的审美意象。 ( )

40. 美术是一种空间艺术。 ( )

三、简答题(本大题 6 分)

41. 简要赏析徐渭的《杂花图》。

四、美术技能题(本大题 24 分)

42. 人物速写:画出一位中年男性(45 岁),短发,戴眼镜,站姿,一手拿手机,一手提包,目视手机,上衣衬衫,下身牛仔裤,脚穿运动鞋。

要求:不得缺少要素,构图合理,使用铅笔、炭笔作画。

2022年山西省特岗教师招聘考试真题试卷(精编)(三)

美 术

(满分100分　时间120分钟)

本套试卷共收录38小题,包括单项选择题(14小题),填空题(7小题),判断题(10小题),简答题(4小题),绘图题(3小题)。

一、单项选择题(本大题共14题,每题2分,共28分)

1. 习近平总书记指出:“广大教师要始终同党和人民站在一起,自觉做中国特色社会主义的坚定信仰者和忠实实践者,忠于党和人民的教育事业,自觉把党的教育方针贯彻到教学管理工作全过程,严肃认真对待自己的职责。”这指出做“好老师”要有(　　)

A. 仁爱之心　　B. 扎实学识
C. 道德情操　　D. 理想信念

2.《义务教育课程方案》(2022年版)指出:“义务教育要在坚定理想信念、厚植爱国主义情怀、加强品德修养、增长知识见识、培养奋斗精神、增强综合素质上下功夫”,使学生(　　)

A. 有信念、有本领、有责任　　B. 有理想、有本领、有担当
C. 有信念、有知识、有担当　　D. 有理想、有知识、有责任

3. 下列不属于我国古代蒙学教材的是(　　)

A.《千家诗》　　B.《孟子》
C.《算学启蒙》　　D.《三字经》

4. 一般来说,小学生的思维水平处于(　　)

A. 感知运算阶段　　B. 前运算阶段
C. 具体运算阶段　　D. 形式运算阶段

5.《中华人民共和国家庭教育促进法》指出,国家和社会为家庭教育提供(　　)

A. 指导、支持和服务　　B. 指导、支持和协助
C. 指导、支持和帮助　　D. 指导、支持和配合

6. 如下图所示,商晚期中国青铜器发展鼎盛期的代表纹饰为(　　)

A. 饕餮纹　　B. 凤鸟纹　　C. 夔龙纹　　D. 蟠螭纹

7. 其作品被人们称为“残山剩水”的两位画家是(　　)

A. 赵佶、黄公望　　B. 范宽、倪瓒
C. 夏圭、马远　　D. 黄筌、徐熙

8. 把中国写意花鸟画推向新的发展阶段的是(　　)(常考)

A. 梁楷　　B. 陈淳　　C. 徐渭　　D. 石涛

9. 被称为“美洲的古希腊”的是(　　)

A. 墨西哥　　B. 玛雅　　C. 安第斯　　D. 亚特兰蒂斯

10. 由于瓷坯和釉膨胀系数不同,纹片如冰破裂形成“金丝铁线”的纹理的窑口是(　　)(易混)

A. 钧窑　　B. 官窑　　C. 哥窑　　D. 定窑

11. 荷兰善于运用局部光照明暗对比的画家是(　　)

A. 哈尔斯　　B. 凡·高　　C. 鲁本斯　　D. 伦勃朗

12. 泰姬陵是(　　)的著名建筑。

A. 泰国　　B. 日本　　C. 尼泊尔　　D. 印度

第12题

13. 如图所示,这件雕塑作品的作者是(　　)

A. 潘鹤　　B. 滑田友　　C. 田金铎　　D. 刘开渠

14. 造成篆刻艺术千变万化的核心因素是(　　)

A. 巧拙变化　　B. 章法变化　　C. 粗细变化　　D. 穿插变化

二、填空题(本大题共7小题,每空1分,共18分)

15. 中国画中所说的“墨分五色”是指墨色分为________、________、重、淡、清五个色阶。

16. 色彩的三要素是指________、________、________。(常考)

17. 图案常见的变化方式有________、________、________等。

18. 中国园林主要的造景手法有________、________、障景、点景等。

19.《掷铁饼者》的作者是古希腊的________,《思想者》的作者是法国的________,《国王与王后》的作者是英国的________。

20. ________是中国古代建筑最具特色的建筑元素,是立柱和屋顶之间的传力构件;古希腊建筑的________奠定了整个西方建筑文化的基础;古罗马建筑使用了________结构,使建筑发生了革命性变化。

第20题

21. 席里柯的油画《梅杜萨之筏》的艺术风格属于________;达利早期作品《记忆的永恒》的艺术风格属于________。

第21题

三、判断题(本大题共10小题,每小题1分,共10分)

22. 中国旅游业的标志,源于东汉时期的雕塑精品《马踏飞燕》;出现于元代的青花瓷是中国明清时期瓷器的主流产品。 ( )

23. 制陶所需温度比制瓷所需温度低,唐三彩是低温瓷器。 ( )

24. 东晋顾恺之的《女史箴图》《洛神赋图》是中国古代人物画的重要作品,其绘画核心思想是“气韵生动”。(易混) ( )

25. 在平面构成中,为了打破不断重复的单调,达到突出焦点的效果,采用的构成方式是变异。 ( )

26. 后印象派从印象派得到启发,但本质上已经走向其反面,强调主观创造。(常考) ( )

第26题　第29题　第30题

27. 有“史前卢浮宫”之称的洞窟是位于法国南部的阿尔塔米拉洞窟。 ( )

28.《后母戊鼎》体现了商代尊神重鬼的社会风尚,《莲鹤方壶》则显示出春秋时期的奴隶制度逐步瓦解。 ( )

29. 俄罗斯巡回展览画派的代表人物列宾最突出的成就是历史画。 ( )

30. 文艺复兴时期在色彩方面最有成就的是卡拉瓦乔。 ( )

31. 米罗被人们认为是“把儿童艺术、原始艺术和民间艺术揉为一体的大师”。 ( )

四、简答题(本大题共4小题,每小题5分,共20分)

32. 赏析下列作品,写出其名称、作者和艺术价值。

33. 赏析下列作品,写出其名称、作者和艺术价值。

34. 赏析下列作品,写出其名称、作者和艺术价值。

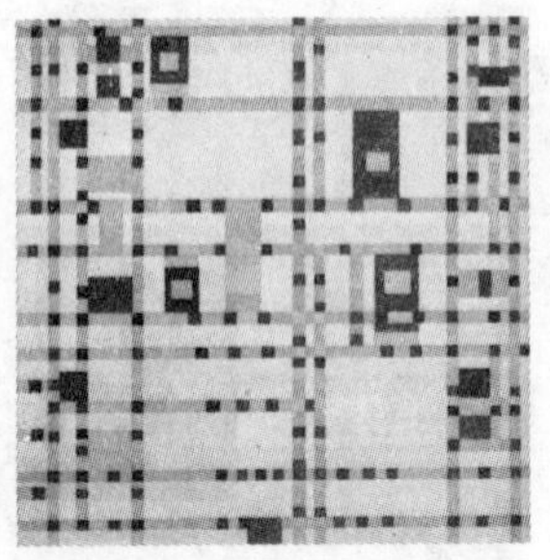

35. 比较下列两幅作品的不同特点。

五、绘图题(本大题共 3 小题,共 20 分)

36. 手绘书签。(8 分)

要求:

(1)有中国传统元素。

(2)手绘书签是铅笔绘制。

(3)画面整洁干净。

37. 绘制一个手提袋的平行透视、成角透视。(6 分)

38. 画一个手持教具正面站立讲解的人物形象。(6 分)

2021年江西省教师招聘考试真题试卷(四)

初中美术

(满分100分　时间120分钟)

本套试卷共55小题,包括单项选择题(50小题),简答题(2小题),论述题(1小题),案例分析题(1小题),教学设计题(1小题)。

一、单项选择题(本大题共50小题,每小题1分,共50分)

1. 学习图像传达与(　　)的方法、形成视觉文化的意识和构建面向21世纪的创造力,已成为当代美术课程的基本取向。

A. 绘制　B. 理解　C. 表达　D. 交流

2. 人体的比例关系是以头部的高度为基准,正常站姿为7到7.5个头高,坐姿为(　　)个头高,蹲或盘腿坐有3到3.5个头高。

A. 4~4.5　B. 6~6.5　C. 5~5.5　D. 5.5~6

3. 画法"简率放逸,形象洗炼",常常"一幅白眼向天"风格的画家是(　　)(常考)

A. 朱耷　B. 齐白石　C. 王冕　D. 梁楷

4. 维特·施托斯创作的《天使报喜》是一件(　　)

A. 彩绘木雕　B. 彩绘泥塑

C. 彩绘石刻　D. 彩绘壁画

5. 表现了毛泽东《沁园春·雪》的词意,藏于人民大会堂的美术作品是(　　)

A.《转战陕北》　B.《万山红遍》

C.《洪荒风雪》　D.《江山如此多娇》

6.《人首翼牛神兽》是(　　)时期的作品。

A. 巴比伦　B. 苏美尔-阿卡德

C. 亚述　D. 新巴比伦

7. 康定斯基是西方抽象派的开拓者,他的代表作有(　　)(常考)

A.《百老汇爵士乐》　B.《女人和狗》

C.《即兴之作26》　D.《呐喊》

8. 综合性学习是当代教学的新特点,美术课程特别设置了(　　)这一新的学习领域。

A."综合·应用"　B."综合·探索"

C."造型·表现"　D."综合·表现"

9. 罗马人最早提出的建筑要素不包含(　　)

A. 实用　B. 秩序　C. 坚固　D. 美观

10. 下列不属于著名年画产地的是(　　)

A. 天津杨柳青　B. 江苏桃花坞

C. 河北武强　D. 陕西西安

11. (　　)是具有广泛含义的概念,指运用描绘、雕塑、拓印、拼贴等手段和方法创作视觉形象的美术创作活动。

A. 造型　B. 欣赏　C. 视觉　D. 实践

12. 清代画家郑燮的作品(　　)将诗、书、画、印结合,搭配和谐。

A.《竹石图》　B.《匡庐图》

C.《出水芙蓉图》　D.《潇湘图》

13. (　　)是意大利绘画、建筑的先驱和奠基人,代表作品是《逃亡埃及》。

A. 乔托　B. 马萨乔

C. 多纳太罗　D. 波提切利

14. 被称为"射虎"的民俗活动是(　　)(易错)

A. 扎花灯　B. 猜灯谜　C. 放花灯　D. 板凳龙

15. 黑陶作为(　　)文化的典型代表,最早发现于山东章丘。

A. 磁山　B. 龙山　C. 红山　D. 河姆渡

16. 威尼斯画派的代表画家不包括(　　)

A. 乔尔乔涅　B. 委罗内塞

C. 雷斯达尔　D. 丁托列托

17. 后母戊鼎按功能分可归属于(　　)

A. 礼器　B. 兵器　C. 乐器　D. 车马器

18. 用"气氛的爽朗自然,笔触的开拓流畅,光线的明媚华丽,色彩的金黄灿烂和文艺复兴的反禁欲主义精神"基本可以概括出(　　)的艺术特点。

A. 拉斐尔　B. 提香　C. 维登　D. 博斯

19. (　　)的"与谁同坐轩"取自苏轼的"与谁同坐?明月清风我"的审美意境。

A. 网师园　B. 留园　C. 颐和园　D. 拙政园

20.(   )是我国十大传世名画中年代最久远的一幅。(易混)

A.《洛神赋图》　　B.《韩熙载夜宴图》

C.《清明上河图》　　D.《富春山居图》

21. 斯通亨治巨石阵,因青石构成的一个环形栅栏状的墙垣而得名,矗立在(   )索尔兹伯里平原。

A. 英国　　B. 法国　　C. 意大利　　D. 德国

22.(   )是世界上现存最高的古代木塔,也是我国现存最早最大的木塔。

A. 六和塔　　B. 绳金塔

C. 应县木塔　　D. 北京妙应寺白塔

23.《蓝衣少年》是(   )创作的以蓝色为主色调的油画。

A. 夏尔丹　　B. 荷加斯

C. 特纳　　D. 庚斯博罗

24. 美术课程资源主要包括学校资源、(   )、社会资源和网络资源。

A. 科学资源　　B. 生态资源

C. 文化资源　　D. 自然资源

25. 荷兰画家霍贝玛的《林荫道》运用了(   )表现空间。

A. 焦点透视　　B. 圆面透视

C. 成角透视　　D. 散点透视

26. 有条件的学校应积极开发信息资源,充分利用(   )资源,获得最新的美术教育资源,开发新的教学内容,探索新的教学方法。

A. 社会关系　　B. 网络　　C. 图书馆　　D. 博物馆

27. 明代王绂在《书画传习录》中解释倪瓒的"不求形似"为"不求形似者,(   )也"。

A. 不似之似　　B. 不似求似

C. 不似似之　　D. 不求形似

28.《马蒂斯夫人像》是(   )首创者马蒂斯的代表作。

A. 野兽派　　B. 立体派　　C. 印象派　　D. 表现派

29. 下列不属于新兴木刻艺术家的是(   )

A. 李桦　　B. 黄新波　　C. 蒋兆和　　D. 彦涵

30. 艺术的第一个审美特征是艺术的实践性与(   )

A. 创造性　　B. 具体性　　C. 主体性　　D. 个体性

31. 顾闳中是(   )时期的画家。

A. 五代南唐　　B. 南宋　　C. 北宋　　D. 元末

32.《最后的审判》是米开朗基罗的重要作品,从(   )年,他用了几年时间,画于西斯廷礼拜堂。

A. 1535 ~ 1542　　B. 1534 ~ 1541

C. 1524 ~ 1531　　D. 1525 ~ 1531

33. 艺术形象是艺术家按照美的规律进行(   )的结果,同时又是观众的审美对象。

A. 形态呈现　　B. 审美创造

C. 规律排列　　D. 临摹描绘

34. 目前已知最早的蓝白印花棉布出土于(   )汉墓。

A. 江西南昌海昏侯　　B. 新疆民丰

C. 长沙马王堆　　D. 广州象岗山南越王

35. 书法宋四家"苏黄米蔡"中的"蔡"指的是(   )

A. 蔡襄　　B. 蔡京　　C. 蔡安　　D. 蔡和

36. 砖印壁画《竹林七贤与荣启期》的作者是晋末的(   )

A. 戴逵　　B. 谢赫　　C. 姚最　　D. 陆探微

37. 以下对"社会美"描述正确的是(   )

A. 社会美是指人类社会关系中的美,即社会事物的美

B. 社会美是指生活兴趣的美,即社会生活的美

C. 社会美是指自然界中存在的美,即社会生态的美

D. 社会美是指社会事件中的美,即社会事件的美

38. 画像砖《弋射收获图》出土于(   )省。(常考)

A. 四川　　B. 山东　　C. 河南　　D. 陕西

39. 20 世纪初,在欧洲各国出现的艺术浪潮中,普遍具有批判传统道德观念和美学的因素,而其中尤以(   )的观念和行为最集中地体现了这种批判精神。

A. 至上主义　　B. 构成主义

C. 达达主义　　D. 表现主义

40.(   )与建筑都是人类改造自身居住环境进行的创造,是一定意义上的环境艺术,都在地面上占据一定的空间且不可移动。

A. 绘画　　B. 园林　　C. 壁画　　D. 绿植

41. 已知春秋时期北方漆器中最早的是虢国墓出土的漆盘和漆(   )

A. 罐　　B. 杯　　C. 碗　　D. 豆

42. 古风时期,希腊神庙的典型建筑形式是(   ),即建筑周围用柱廊环绕。

A. 柱廊式　　B. 围柱式　　C. 围廊式　　D. 围周式

43. 北宋时期的绘画多以全景式构图来呈现雄沉壮伟的画风，主要代表有李成、范宽和(　　)

A. 郭熙　B. 米芾　C. 法常　D. 王希孟

44.《尼奥贝群像》是史珂珀斯的作品，描绘尼奥贝正在拼命保护她最后一个小女儿避免中(　　)之箭的情景。

A. 丘比特　B. 维纳斯

C. 尼多斯　D. 阿波罗

45. (　　)在拜占庭艺术中占有特殊的地位。

A. 玻璃画　B. 彩绘画

C. 镶嵌画　D. 宗教画

46. 中国木构建筑的 5 种基本屋顶式样在(　　)代就已具备。

A. 汉　B. 秦　C. 宋　D. 周

47. 苏东坡称(　　)的艺术是"诗中有画，画中有诗"。

A. 王维　B. 黄公望　C. 张璪　D. 米芾

48. 美术课程的学习可以为国家培养具有人文精神、创新能力、(　　)和美术素养的现代公民。

A. 素质提高　B. 审美需求

C. 审美品位　D. 审美能力

49. 邮票的三要素是铭记、面值和(　　)

A. 图案　B. 标识　C. 形状　D. 颜色

50. 五代的荆浩基于个人作画心得所作的理论著作是(　　)(易错)

A.《论画》　B.《写山水诀》

C.《画云台山记》　D.《笔法记》

二、简答题(本大题共 2 小题，每小题 5 分，共 10 分)

51. 简述立体主义。

52. 简述汉代缪篆。

三、论述题(本大题 10 分)

53. 美术中的绘画与雕塑，除了空间上具有二维空间和三维空间的区别之外，还有哪些重要的区别。

四、案例分析题(本大题 10 分)

54. 请结合以下材料回答问题。

产品包装与我们的生活密切相关，植物的天然包裹形式给包装设计提供了很多启示。在古代，人们为了储藏物品创造了包装。那时，大多数的包装取材于自然材料，而现在，设计师巧妙地运用工艺创作手段，为产品的结构和包装美化装饰提供了更多的设计思路。

镜头一：

邓老师课前准备了很多储物盒，请同学们看一看，摸一摸。邓老师："同学们看老师今天带来的这些盒子有什么作用呀？"在互动中，邓老师介绍了产品包装与我们生活的密切关系。

教学中，邓老师通过视频、图片、演示与学生互动，使学生了解产品包装的设计类型、材质特性、造型变化等。在学生体验环节，邓老师出示不同的小物品，引导学生利用课前准备的不同材料进行创作。

师：我们可以用怎样的材料、怎样的设计来给它们做一个漂亮的包装呢？

镜头二：

徐老师课前认真了解书中常态包装盒的结构制作步骤，并提前通知学生带了较硬的卡纸，课上徐老师对书中常态包装盒的制作步骤都细心讲解，带领同学们一同制作，最后，每个同学都学会了做一个常态包装盒。

问题：

(1)这是一节什么学习领域的课程？该学习领域的目标是什么？(3分)

(2)镜头中两位老师的教学哪一位更符合新课程的基本理念，请结合课程说明原因。(3分)

(3)请结合“镜头一”中的教学过程，对包装的分类、纸质包装设计的结构、设计功能等举例说明。(4分)

五、教学设计题(本大题20分)

55.《画当年》是赣美版教材七年级上册第七课，属于红色记忆主题。

“当年鏖战急，弹洞前村壁。装点此关山，今朝更好看。”历经战争洗礼的山山水水和一草一木，而今仿佛在向人们诉说那段艰苦的岁月。当我们前往这些革命圣地参观游览时，可借助速写或淡彩的绘画方式来表现革命遗迹和旧址，以再现其风采。

风景速写是通过速写这一绘画手段来表现自然景观和人文景观，以此开拓我们的视野，感知山水、草木和人文精神，体会大自然与人文精神的融合，锻炼自己的绘画表现手法。常见的有铅笔速写、钢笔速写、毛笔速写等，常用的表现技法有线描法、线面结合描法等。

要求：

(1)请结合材料写出能体现新课标理念的教学设计。(15分)

(2)树是速写中经常被描绘的素材，请手绘一棵树。(5分)

2021年安徽省教师招聘考试真题试卷(五)

中学美术

(满分120分　时间150分钟)

本套试卷共36小题,包括单项选择题(20小题),判断题(10小题),简答题(2小题),案例分析题(1小题),美术创作题(2小题),教学设计题(1小题)。

一、单项选择题(本大题共20小题,每小题2分,共40分)

1. 图示作品所属的画种是(　　)

A. 中国画　　B. 版画　　C. 油画　　D. 年画

2. 五代时期山水画作品《匡庐图》《关山行旅图》的作者分别是(　　)(常考)

A. 荆浩、关仝　　B. 董源、巨然

C. 徐熙、黄筌　　D. 李成、范宽

3. 以下颜色中明度最高的是(　　)

A. 普兰　　B. 熟褐　　C. 墨绿　　D. 粉绿

4. 南宋时期,善用简练概括的笔墨塑造人物形象,创减笔人物画先河的画家是(　　)

A. 李唐　　B. 刘松年　　C. 梁楷　　D. 马远

5. 我国第一部体例完备、史论结合、内容丰富的绘画通史著作是(　　)

A. 王维《画山水诀》　　B. 郭熙《林泉高致》

C. 张彦远《历代名画记》　　D. 顾恺之《魏晋胜流画赞》

6. 图示剪纸作品表现的是(　　)

A. 连年有余　　B. 五福捧寿　　C. 喜上眉梢　　D. 马上封侯

7. 图示画像石表现的题材是(　　)

A. 历史故事　　B. 现实生活　　C. 宗教仪式　　D. 神话传说

8. 美术作品《自由引导人民》《马拉之死》《打石工》的艺术流派分别属于(　　)

A. 现实主义　浪漫主义　印象主义　　B. 立体主义　新古典主义　现实主义

C. 浪漫主义　新古典主义　现实主义　　D. 印象主义　现实主义　新古典主义

9. 图示三件《大卫》雕塑作品的作者分别是(　　)

A. 贝尼尼　多纳太罗　罗丹　　B. 米开朗基罗　贝尼尼　多纳太罗

C. 贝尼尼　米开朗基罗　罗丹　　D. 罗丹　多纳太罗　贝尼尼

10.“行笔似莼菜条”“其势圆转,而衣服飘举”形容的是(   )的作品。

A. 顾恺之　　B. 吴道子　　C. 阎立本　　D. 任伯年

11. 下图是深圳精神象征的雕塑《开荒牛》,它的作者是(   )

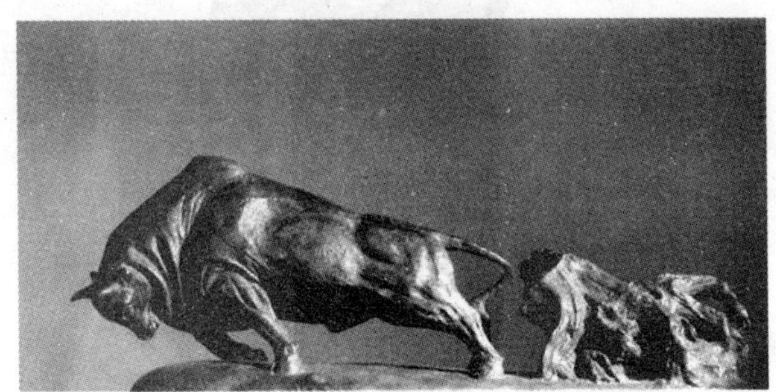

A. 吴冠中　　B. 潘鹤　　C. 董希文　　D. 徐悲鸿

12. 西班牙画家达利所属的绘画流派是(   )

A. 印象主义　　B. 新印象主义

C. 超现实主义　　D. 浪漫主义

13. 图示绘画作品的作者是(   )

A. 王蒙　　B. 倪瓒　　C. 黄公望　　D. 王冕

14. 在摄影中,光源从被摄物背面照进来,和被摄物、相机处于同一条水平线上,这种光位称为(   )

A. 逆光　　B. 侧光　　C. 顺光　　D. 平光

15. 下列艺术家及其作品对应正确的一项是(   )(易错)

A. 蒙克《记忆的永恒》　　B. 达利《生日》

C. 夏加尔《呐喊》　　D. 毕加索《格尔尼卡》

16.“运用传统与现代媒材、技术和美术语言创造视觉形象”是高中美术核心素养中的(   )

A. 图像识读　　B. 审美判断

C. 美术表现　　D. 文化理解

17. 图示建筑的名称是(   )

A. 米兰大教堂　　B. 万神殿　　C. 科隆大教堂　　D. 巴黎圣母院

18. 书法作品《兰亭序》《祭侄文稿》《黄州寒食诗帖》的作者分别是(   )

A. 王羲之、颜真卿、苏轼　　B. 顾恺之、颜真卿、苏轼

C. 王羲之、苏轼、颜真卿　　D. 顾恺之、苏轼、颜真卿

19. 图示作品为(   )亚述时期的浮雕作品《垂死的母狮》。

A. 尼罗河流域　　B. 黄河流域　　C. 两河流域　　D. 印度河流域

20. 图示服装的设计灵感来源于(   )

A. 凡·高的绘画作品　　B. 蒙德里安的绘画作品

C. 马蒂斯的绘画作品　　D. 达利的绘画作品

二、判断题(本大题共10小题,每小题1分,共10分)

21. 书法的三个要素是章法、结体和用笔。（ ）

22. 中国画《匡庐图》是宋代画家李唐的作品。（ ）

23. 雕塑艺术又称空间艺术,从存在形态上可分为“实空间”和“虚空间”。（ ）

24. “三远法”是欣赏中国山水画的重要依据。（ ）

25. 中国新式美术教育最早出现在中央美术学校。（ ）

26. “认识中华优秀传统美术的文化内涵及独特艺术魅力,坚守中华文化立场,坚定文化自信”属于高中美术核心素养中图像识读的范畴。（ ）

27. 虚拟现实技术,简称VR,是一种可以创建和体验虚拟世界的计算机仿真技术。（ ）

28. 提香是意大利文艺复兴时期佛罗伦萨画派的创始人。（ ）

29. “气韵生动”是谢赫“六法论”中的第一法,也是在绘画创作中表现对象的关键之处,是“六法”中最重要的一法。(常考)（ ）

30. 教学过程是指师生在共同实现教学任务中的活动状态变换及其时间流程,由相互依存的教和学两方面构成。（ ）

三、简答题(本大题共2小题,共15分)

31. 请从透视方法和风格特点两个方面分析以下两幅作品,完成学习任务单。(6分)

霍贝玛《林荫道》

米友仁《潇湘奇观图》

学习任务单

作品	霍贝玛《林荫道》	米友仁《潇湘奇观图》
透视方法		
风格特点		

32. 请从艺术流派和风格特点两个方面分析以下两幅作品,完成学习任务单。(9分)

《强劫留西帕斯的女儿》

《倒牛奶的女仆》

学习任务单

作品	《强劫留西帕斯的女儿》	《倒牛奶的女仆》
艺术流派		
风格特点		

四、案例分析题(本大题10分)

33. 高中美术学科核心素养中的“创意实践”是指在美术活动中形成创新意识,运用创意思维和创造方法。

阅读以下教学片段,回答问题。

以下是《我为校园添色彩——校服设计》一课中的教学片段

老师请全班同学统一着校服来上美术课,课中老师让同桌两人一组,互相观察校服的颜色、款式和细节特点,并提问:你们觉得我们学校的校服有哪些优点?

学生总结:穿着舒适、适合上体育课、有整齐划一的感觉……

老师继续提问:我们学校的校服还有哪些需要改进的地方?学生思考后得出:需要更有时尚感,要突出本校的特点等。

老师结合学生的讨论结果,引导学生利用平板电脑搜索各类校服图片,分析研究各类校服的风格、样式、面料、特点等,并按照设计需求分组展开设计,设计效果图初步完成后,小组间互相点评并提出修改意见,不断完善设计图,最终完成校服设计。

问题:请结合案例,简述老师在教学过程中是如何培养学生的"创意实践"素养的。

五、美术创作题(本大题共 2 小题,每小题 15 分,共 30 分)

34. 发射是一种特殊的渐变式重复,指围绕一个中心,形态均匀地向四周扩散或向中心收缩。请用黑白简笔画的方式做出发射示意图。

35. 参照以下图片资料,自由选取创作元素,以"早市"为主题,用速写的形式创作一幅绘画作品。

六、教学设计题(本大题 15 分)

36. 阅读以下材料,根据《义务教育美术课程标准》(2011 版)和《普通高中美术课程标准》(2017 年版 2020 年修订),撰写《中国古代文人画》一课教学设计中的教学目标和新课学习环节。

材料:文人画一般泛指中国封建社会中文人、士大夫所作之画,是一种画中带有文人情趣,画外流露着文人思想的绘画形式。文人画是中国传统文化中多种因素促成的一种艺术现象,它的形成和发展有着一个相当长的演进过程,可以追溯到晋代顾恺之,唐代王维、郑虔等人。王维因强调"诗中有画,画中有诗",并在画法上推进了水墨渲染的表现技法,而被后世奉为文人画的鼻祖。两宋时期,苏轼、文同、米芾父子等进一步发展了水墨技巧。其中苏轼提出了"诗画本一律"概念,使文人画趋向成熟。到元代,赵孟頫主张以书法入画法,文人常以书画遣兴抒怀,文人画逐渐兴盛。其后逐渐发展,诗书画印始成一体,诗书画印相辅相成标志着文人画的成熟。

苏轼(宋)《枯木竹石图》

赵孟頫(元)《鹊华秋色图》

(一)教学目标

(二)新课学习

2021年广东省广州市花都区教师招聘考试真题试卷(六)

中小学美术

(满分100分　时间120分钟)

本套试卷共83小题,包括单项选择题(65小题),多项选择题(5小题),案例分析题(1小题),判断题(10小题),简答题(1小题),论述题(1小题)。

第一部分　公共知识

(本类题共三大题,共50分)

一、单项选择题(本大题共35小题,每小题0.92分,共32.2分)

1. 十九大报告指出,实现伟大梦想,必须建设伟大工程。这个伟大工程就是我们党正深入推进的(　　)新的伟大工程。

A. 党的建设　　B. 改革开放　　C. 脱贫攻坚　　D. 生态建设

2. 十九大报告指出,必须坚持国家利益至上,以________为宗旨,以________为根本。选(　　)

A. 国民安全;国土安全　　B. 人民安全;政治安全

C. 政治安全;人民安全　　D. 人民安全;经济安全

3. 实事求是是党的基本思想方法、工作方法、领导方法。坚持实事求是,关键在于“求是”即(　　)

A. 坚持一切从实际出发　　B. 了解实际,掌握实情

C. 探求和掌握事物发展的规律　　D. 勇于实践,善于实践

4. 在新发展理念中,坚持(　　)发展是中国特色社会主义的本质要求。(易混)

A. 创造　　B. 统筹　　C. 绿色　　D. 共享

5. 坚持社会主义市场经济改革方向,核心问题是处理好(　　)的关系。

A. 公民和市场　　B. 政府和企业

C. 政府和市场　　D. 公民和政府

6. 2021年政府工作报告指出,要推动(　　)优质均衡发展和城乡一体化,加快补齐农村办学条件短板,健全教师工资保障长效机制,改善乡村教师待遇。

A. 义务教育　　B. 职业教育　　C. 学前教育　　D. 普通高中教育

7. 周老师经常对迟到、旷课等影响班级评优的学生进行殴打、罚站、下蹲、扇嘴巴等。学校多次对其劝诫,但周老师拒不改正。根据我国《教师法》的规定,学校可以对周老师给予相应的处分,其中不包括(　　)(易错)

A. 解聘　　B. 警告　　C. 记过　　D. 罚款

8. 预防未成年人犯罪,应当结合未成年人不同年龄的生理、心理特点,加强(　　)、心理关爱、心理矫治和预防犯罪对策的研究。

A. 法制教育　　B. 青春期教育

C. 道德教育　　D. 政治教育

9. 初三学生陈某沉迷网络,无故夜不归宿、离家出走。学校可以根据情况采取相关管理教育措施,其中不包括(　　)

A. 予以训导　　B. 要求参加校内服务活动

C. 要求参加特定的专题教育　　D. 责令具结悔过

10. 张老师在教学中带头践行社会主义核心价值观,弘扬真善美,传递正能量。张老师遵循了(　　)的教师职业行为准则。

A. 坚定政治方向　　B. 传播优秀文化

C. 自觉爱国守法　　D. 坚持言行雅正

11. 疫情防控期间,学生不适宜到学校领取成绩单,某地一小学便通知家长去班主任家里领取,班主任邵老师于是在微信群里发了消息:“家长们,别人欠钱给的大米,需要的话帮销一点。”不少家长都顺便买了米。邵老师的做法(　　)

A. 正确,家长买米纯粹是自愿行为

B. 正确,班主任利用业余时间为家长提供了便利

C. 错误,违背了坚守廉洁自律的教师职业行为准则

D. 错误,违背了规范从教行为的教师职业行为准则

12. 某教师在备课时设置的“当讨论有关小煤窑瓦斯爆炸事件时,学生应能积极表达自己关注生命等观点”这一目标属于教学情感目标中的(　　)

A. 接受和反应　　B. 价值体系个性化

C. 形成价值观念　　D. 组织价值观念系统

13. 下列哪种类型的板书可根据需要,灵活地突出课文的某一部分或某种思想,增强针对性,以使学生把握学习重点。它也是教师在有丰富经验的基础上,充分发挥聪明才智的主要板书手段(　　)(常考)

A. 内容式板书　　B. 强调式板书

C. 设问式板书　　D. 序列式板书

14. 加涅将学习的过程分为八个阶段，在(　　)中，为了促进学习迁移，教师必须让学生在不同情境中学习，并给学生提供在不同情境中提取信息的机会。

A. 回忆阶段　　B. 习得阶段

C. 反馈阶段　　D. 概括阶段

15. 小学科学教师在讲解完《地表变化带给我们的信息》一课后，问道："读了魏格纳的故事，你从他身上学到了什么？"这种课堂提问类型属于(　　)

A. 开放式提问　　B. 封闭式提问

C. 爬梯式提问　　D. 举例式提问

16. 杜威认为，教育目的只存在于"教育过程以内"，不存在"教育过程以外"的目的。该观点体现的教育目的价值取向是(　　)

A. 社会本位论　　B. 个人本位论

C. 宗教本位论　　D. 教育无目的论

17. 赫尔巴特将教学过程分为四个阶段，学生在课堂上学会了测量、课后自己拿工具去进行路段测量属于其中的(　　)

A. 联想　　B. 明了　　C. 系统　　D. 方法

18.《礼记·学记》的"君子欲化民成俗，其必由学乎""是故，古之王者，建国君民，教学为先"主要体现了教育的(　　)(易混)

A. 经济功能　　B. 文化功能

C. 政治功能　　D. 个体发展功能

19. 教师在组织课程内容时，对于某些重要的、在教材各个部分重复涉及的内容，要不断增加其广度与深度，即后面出现的内容应该是在更高层次上进行探讨，而不仅仅停留在同一水平的重复。这体现了课程内容的组织原则是(　　)

A. 顺序性原则　　B. 连续性原则

C. 整合性原则　　D. 点拨性原则

20. 王老师觉得身边的共产党员都很优秀，又能为大家服务，所以很努力地要加入党组织。这属于态度与品德形成过程中的(　　)

A. 依从　　B. 内化　　C. 认同　　D. 逆反

21. 德育模式中的(　　)认为，与人友好相处是人类的基本需要，帮助学生满足这种需要是教育的职责。

A. 认知模式　　B. 体谅模式

C. 价值澄清模式　　D. 社会模仿模式

22. 数学教师向小明提出，如果这次月考考试成绩有进步，就免去他每天多做三道试题的任务。根据斯金纳的强化理论，这属于(　　)

A. 正强化　　B. 负强化　　C. 正惩罚　　D. 负惩罚

23. 有些学生学习了分数乘法后，再去进行分数加减法计算时，竟然将分子与分子，分母与分母分别相加减。这属于(　　)

A. 逆向负迁移　　B. 逆向正迁移

C. 顺向正迁移　　D. 顺向负迁移

24. 某学生在记忆"公元前525年波斯征服埃及，636年阿拉伯与拜占庭会战"这两个历史事件的时间时，进行了灵活的信息处理，即两个事件的年份都是前一个数字的平方等于后两位数。该学生运用的学习策略属于(　　)

A. 计划策略　　B. 组织策略

C. 精细加工策略　　D. 资源管理策略

25. 学生高某在解决问题的过程中，能在较短的时间内考虑可供选择的多个方案、假设，表现出思维不受阻滞的特点。这说明高某的思维具有(　　)

A. 探究性　　B. 变通性　　C. 流畅性　　D. 独创性

26. 有些学生被老师叫起来回答问题时，对平时已掌握的内容都想不起来，坐下后却又突然想起来了。这种现象体现的遗忘理论是(　　)

A. 动机说　　B. 同化说

C. 记忆痕迹衰退说　　D. 提取失败说

27. 某学生根据朱自清在《荷塘月色》中对江南采莲旧俗的描述，想象出一幅采莲的欢乐场面。这类想象属于(　　)

A. 幻想　　B. 空想

C. 创造想象　　D. 再造想象

28. 某学生偏科严重，不喜欢英语这门学科，但为了在高考中取得好成绩，即使不喜欢该门学科也会认真听老师讲课。这类注意属于(　　)(常考)

A. 无意注意　　B. 无意后注意

C. 有意注意　　D. 有意后注意

29. 以文字、概念、逻辑关系为主要对象的记忆属于(　　)

A. 形象记忆　　B. 抽象记忆

C. 情绪记忆　　D. 动作记忆

30. 某班级群体的共同目标无法完成，班干部号召力不强，学生情绪易波动，正确舆论时强时弱，班级规范不能得到普遍遵守。这种班级群体属于(　　)

A. 松散型　　B. 集团型　　C. 浮动型　　D. 集体型

31. 班级管理是一种有目的、有计划、有步骤的社会活动。这一活动的根本目的是(　　)

A. 实现教育目标,使学生得到充分、全面的发展

B. 提升班主任素质和管理水平

C. 组织开展班会活动,放松学生心情

D. 提高学生成绩和学校升学率

32. 自我中心的学生会因受到伙伴的批评而改变行为,自我控制能力欠缺的学生能够在集体的监督约束下逐步形成自律意识。这体现了班级组织的(　　)

A. 矫正功能　　B. 诊断功能

C. 导向功能　　D. 促进发展功能

33. 学生个人专长的确定和兴趣的培养、重大转折时期的环境适应和自我心理调节均属于以(　　)为中心的学校心理咨询内容。

A. 教育发展　　B. 校园辅导

C. 心理治疗　　D. 心理卫生

34. 学校心理素质教育的首要功能是(　　)

A. 开发智力,促进能力发展　　B. 提高德性修养,培养良好品德

C. 促进和维护学生心理健康　　D. 培养主体意识,形成完善人格

35. 心理辅导教师张某在辅导过程中,进入受辅导学生的内心世界,通过他的眼睛看事物,体察他的思想与感受,了解他观察自己与周围世界的方式。张某的行为符合辅导要求中的(　　)

A. 信任　　B. 同感　　C. 真诚　　D. 尊重

二、多项选择题(本大题共5小题,每小题1.16分,共5.8分)

36. 下列属于孔子的教育思想的有(　　)

A. 有教无类　　B. 学而优则仕

C. 温故而知新　　D. 因材施教

37. 十九大报告指出,坚持(　　)有机统一是社会主义政治发展的必然要求。

A. 依法治国　　B. 党的领导

C. 人民当家作主　　D. 四项基本原则

38. 根据教育部办公厅印发的《中小学教育惩戒规则(试行)》的规定,学生的下列哪些情形,确有必要的,可以实施教育惩戒(　　)

A. 小李拒绝参加班级公益服务　　B. 小张欺凌同学,打骂老师

C. 小周扰乱学校教育教学秩序　　D. 小林实施有害他人身心健康的危险行为

39. 下列属于外部学习动机的有(　　)(易混)

A. 为了获得老师的表扬而学习英语　　B. 为了与外国人沟通而学习英语

C. 为了满足自己的求知欲而学习英语　　D. 为了将来找到理想的工作而学习英语

40. 下列关于班级授课制的表述,正确的有(　　)

A. 大规模地向全体学生进行教学,有助于提高教学效率

B. 以培养学生的实际操作能力为主,能充分发挥学生的主体性

C. 能保证学习活动循序渐进,并使学生获得系统的科学知识

D. 在实现教学任务上比较全面,有利于学生多方面的发展

三、案例分析题(本大题12分)

41. 请结合以下案例回答问题。

案例1:

在一节新课文的学习结束后,语文老师何某请两位学生在黑板上比赛听写学过的五个生字。学生A和学生B积极举手"应战"。结果学生A全对,获得了同学们的掌声,学生B因为只写对了两个,而羞愧地低下了头。见此情景,何老师说道:"B同学虽然只写对了两个,但他刚才第一个举手,而且他的字写得很漂亮,值得同学们学习。相信B同学下次也能全写对。"这时,学生B抬起了头,脸上洋溢着灿烂的笑容……

案例2:

学生伍某属于班上的后进生,数学考试经常不及格,但他酷爱打篮球,经常利用课余时间练习投篮,有时甚至因为太投入而忽略了上课铃声,导致上课总是迟到,刘老师多次对其教育均无效。在一次考试中,伍某认真地做完了每一道题,而且自我感觉良好。当刘老师分析试卷时,伍某一看自己考了75分,分数远比预想中的要高,心里非常高兴,于是和同桌说了几句话。刘老师发现后,走到伍某身边说:"伍某,你不要太兴奋,别看这次考了75分,但却是第40名,全班倒数第四。"伍某的头立即低了下去,觉得自己考得再好也考不过其他同学,认为自己是个失败者……

问题:结合新课程改革中教育评价的相关理论,评析、比较案例1和案例2中两位教师的做法。

第二部分　学科专业知识

（本部分共四大题，共50分）

四、单项选择题（本大题共30小题，每小题0.95分，共28.5分）

42. 被称为“席勒—斯宾塞理论”的艺术起源学说是（　　）

A. 游戏说　B. 表现说　C. 模仿说　D. 劳动说

43. 在艺术创作过程中，与郑板桥论述画竹过程中的“胸中之竹”相对应的阶段是（　　）（易混）

A. 艺术传达　B. 艺术构思

C. 艺术体验　D. 艺术评价

44. 顾恺之的（　　）主要描述了教育宫中妇女修身养性、修养品德的内容。

A.《洛神赋图》　B.《步辇图》

C.《捣练图》　D.《女史箴图》

45. 魏晋兴起的（　　）至隋唐达到极盛，它既继承了汉魏传统，又融合了西域等外来艺术因素，代表画家有吴道子。

A. 风俗画　B. 道教画　C. 佛教画　D. 肖像画

46. “味摩诘之诗，诗中有画；观摩诘之画，画中有诗”中的“摩诘”是指（　　）

A. 李思训　B. 李昭道　C. 苏轼　D. 王维

47. （　　）时期，山水画形成了以“荆、关、董、巨”为代表的南、北画派。（常考）

A. 唐朝　B. 五代十国　C. 北宋　D. 南宋

48. 张择端的《清明上河图》以（　　）构图的形式，描绘了北宋清明时节汴河及两岸的风光。

A. 竖直式　B. 折枝式　C. 边角式　D. 全景式

49. 曾鲸是明代（　　）的创始人，代表作品有《王时敏像》。

A. 浙派　B. 吴门画派

C. 波臣派　D. 岭南画派

50. 狮身人面像是（　　）美术的代表作品之一。

A. 古印度　B. 古罗马　C. 古埃及　D. 古巴比伦

51. （　　）是佛罗伦萨画派的创始人，他的艺术被认为是中世纪与文艺复兴艺术的分水岭。

A. 波提切利　B. 乔托

C. 乔尔乔涅　D. 拉斐尔

52. 下列作品中，被美术史家称为“神秘的微笑”的是（　　）（易错）

A.《蒙娜丽莎》　B.《沉睡的维纳斯》

C.《吉普赛女郎》　D.《戴珍珠耳环的少女》

53. 巴洛克风格是17世纪最流行、最具代表性的美术风格，其特点不包括（　　）

A. 不注重艺术家的想象力　B. 强调运动感

C. 关注作品的空间感和立体感　D. 强调艺术形式的综合手段

54. 戈雅是西班牙（　　）美术的伟大代表。

A. 浪漫主义　B. 现实主义

C. 折衷主义　D. 古典主义

55. 下列属于19世纪俄国代表画派的是（　　）

A. 哈德逊河画派　B. 枫丹白露画派

C. 巡回画派　D. 野兽画派

56. 下列素描步骤中，操作顺序最靠前的是（　　）

A. 塑造形象　B. 深入刻画

C. 确定轮廓　D. 调整统一

57. 素描三大面不包括（　　）

A. 亮面　B. 投影　C. 灰面　D. 暗面

58. “三庭五眼”是指人物头部的比例结构。“三庭”中的“上庭”是指（　　）

A. 从眉骨到鼻底　B. 从眉骨到上唇

C. 从鼻底到下颌　D. 从前额发际线到眉骨

59. （　　）是中国画中常用的透视方法。

A. 空气透视　B. 散点透视

C. 成角透视　D. 斜角透视

60. 将主体置于画面中心，非主体置于主体两边，起平衡作用，底形被均匀分割的构图形式称为（　　）

A. 竖构图　B. 横构图

C. 均衡式构图　D. 对称式构图

61. 间色是由两种原色混合形成的颜色，下列不属于间色的是（　　）

A. 橙色　B. 紫色　C. 红色　D. 绿色

62. 根据印刷方式的不同划分，版画的种类不包括（　　）

A. 木版画　B. 凸印版画

C. 凹印版画　D. 平印版画

63. 我国有“蚕头燕尾”之称的书体是(　　)

A. 隶书　　B. 篆书　　C. 楷书　　D. 草书

64. 下列书法家中,被后世称为“书圣”的是(　　)(常考)

A. 柳公权　　B. 王羲之

C. 欧阳询　　D. 褚遂良

65. 下列书法作品中,与其他三项的书体不同的是(　　)

A.《兰亭序》　　B.《祭侄文稿》

C.《玄秘塔碑》　　D.《黄州寒食诗帖》

66. 瘦金体是(　　)的赵佶创立的。

A. 唐朝　　B. 宋朝　　C. 元朝　　D. 明朝

67. 湖北随县(今随州)出土的战国曾侯乙编钟属于青铜器中的(　　)

A. 食器　　B. 酒器

C. 水器　　D. 乐器

68. 唐朝的铜镜常以四神图像为基本装饰主题,下列不属于四神的是(　　)(易混)

A. 玄武　　B. 饕餮　　C. 朱雀　　D. 青龙

69. 下列不属于私家园林的是(　　)

A. 拙政园　　B. 留园　　C. 颐和园　　D. 豫园

70. 我国的(　　)被称为“现代电影始祖”。

A. 剪纸艺术　　B. 皮影艺术

C. 风筝艺术　　D. 刺绣艺术

71. 自明代开始,我国传统民族家具进入了一个以“硬木家具”为代表的新纪元。下列不属于明式家具特点的是(　　)

A. 造型繁复　　B. 结构严谨

C. 装饰适度　　D. 纹理优美

五、判断题(本大题共 10 小题,每小题 0.65 分,共 6.5 分)

72. 艺术意蕴是艺术创造的最高境界。(　　)

A. 正确　　B. 错误

73. 周昉是唐代著名的仕女画家,其绘画题材主要表现贵族阶层的生活。(　　)

A. 正确　　B. 错误

74. 马家窑文化属于龙山文化的一种。(　　)

A. 正确　　B. 错误

75. “南北宗论”是董其昌在《画旨》中提出来的。(常考)(　　)

A. 正确　　B. 错误

76. 圣索菲亚大教堂是典型的哥特式建筑,位于法国。(　　)

A. 正确　　B. 错误

77. 扬·凡·艾克是欧洲美术史上的第一位农民画家。(　　)

A. 正确　　B. 错误

78.《受伤的野牛》是西班牙阿尔塔米拉洞窟壁画的代表作品。(　　)

A. 正确　　B. 错误

79. 与水彩颜料相比,水粉颜料具有透明、易渗透等特点。(　　)

A. 正确　　B. 错误

80. 战国玺印多以黄金为制作材料。(　　)

A. 正确　　B. 错误

81. 宋代汝窑以烧制青瓷为主。(易错)(　　)

A. 正确　　B. 错误

六、简答题(本大题 5 分)

82. 简述法国后印象派美术的主要代表画家。

七、论述题(本大题 10 分)

83. 试述元朝绘画艺术的特点。

2021年江苏省扬州市教师招聘考试真题试卷(七)

中小学美术

(满分100分　时间120分钟)

本套试卷共36小题,包括填空题(9小题),单项选择题(10小题),判断题(10小题),连线题(1小题),简答题(3小题),技能题(2小题),材料分析题(1小题)。

一、填空题(本大题共9小题,每空1分,共20分)

1.《义务教育美术课程标准》(2011年版)中规定的美术课程基本理念是:(1)面向全体学生;(2)激发学生________;(3)关注________;(4)注重________。

2. 美术课程的改革不仅是内容的改革,也是________和________的改革。

3. 艺术是一种用形象来反映现实但比现实有典型性的________。它具有________、________、________等基本特征。

4. 我国先秦时期的青铜器分为________、________、________、工具及车马器四类。

5. 中国古代第一部对绘画作品、作者进行品评的著作是________,这部著作中认为绘画"六法"中最重要的一法是________。

6. 文人画自________兴起,经过元、明、清三代的发展成为中国画坛的主流。它在创作上主张个性的张扬,强调诗、书、画、________等多种艺术的结合。

7. 西洋画是指区别于中国传统绘画体系的西方绘画,简称西画。它包括________、水彩画、水粉画、版画、铅笔画等画种。

8.《清明上河图》是我国北宋画家________的一幅描绘京城汴梁郊外及汴河两岸人们生活和自然风光的________。

9. "六朝三大家"指的是________、陆探微、张僧繇。

二、单项选择题(本大题共10小题,每小题2分,共20分)

10. "吴带当风"是指(　　)的绘画风格。(常考)

A. 吴镇　B. 吴伟　C. 吴道子　D. 吴昌硕

11. 中国书法艺术中,"蚕头燕尾"形容的是哪一种书体的笔画特征(　　)

A. 篆书　B. 隶书　C. 楷书　D. 行书

12. 中国民间艺术中,产生于江苏苏州的年画种类是(　　)

A. 杨柳青年画　B. 桃花坞年画

C. 朱仙镇年画　D. 杨家埠年画

13. 关于"八大山人",下列选项中正确的说法是(　　)(易错)

A. 清初画坛"四僧"之一　B. 八位画家的统称

C. 笔墨精致细腻　D. 又名石涛

14. 下列选项中,关于凡·高的叙述说法错误的是(　　)

A. 国籍为荷兰　B. 代表作品为《向日葵》

C. 后印象主义代表画家　D. 代表作品具有古典画风

15. 艺术设计教学中的"三大构成"指的是(　　)立体构成和平面构成。

A. 色彩构成　B. 图案构成

C. 三维构成　D. 色调构成

16. 以自然界中的花鸟草虫为题材进行创作时,中国的花鸟画家在表现物象的同时更重视缘物寄情。例如,在众多的花鸟画题材中,梅、兰、(　　)、菊就被认为是代表高洁品质的"四君子"。

A. 莲　B. 竹　C. 荷　D. 桂

17. 古代阴阳五行说以青龙、白虎、朱雀、玄武四种动物象征四方之神。其中青龙为(　　)之神。

A. 北方　B. 东方　C. 西方　D. 南方

18. 中国联通公司的标志创意源于(　　)

A. 双钱　B. 太极图　C. 方胜　D. 中国结

19. 美术创作原则"外师造化,中得心源"是唐代(　　)提出的。(常考)

A. 齐白石　B. 张璪

C. 张择端　D. 王冕

三、判断题(本大题共10小题,每小题1分,共10分)

20. 赵佶首创了瘦金体。(　　)

21. 佛罗伦萨画派的创始人是乔托,其代表作有壁画《逃亡埃及》。(　　)

22. 葡萄牙画家塞尚在西方被尊称为"现代绘画之父"。(　　)

23. 关羽、张飞、曹操这三个人物的京剧脸谱颜色分别是红、黑、白。(易混)(　　)

24. "妙在似与不似之间"是现代画家徐悲鸿提出的绘画理论。(　　)

25. 色彩的明暗、深浅程度称为明度。(　　)

26. 新印象主义又称为"分割主义"或"点彩派"。(　　)

27.《星月夜》是后印象主义画家高更的代表作品。(　　)

28. 对称式构图一般表现动态内容。(　　)

29. 画面的色彩关系要服从于素描关系。(　　)

四、连线题(本大题 6 分)

30. 将下列画家与对应作品加以连线。

提香	《时髦婚姻》
范宽	《大宫女》
荷加斯	《三等车厢》
安格尔	《酒神节的狂欢》
关仝	《山溪待渡图》
杜米埃	《溪山行旅图》

五、简答题(本大题共 3 小题,共 14 分)

31. 简述招贴画。(4 分)

32. 简述“造型·表现”学习领域中“造型”“表现”的含义和二者之间的关系,以及在教学过程中我们应该怎么做。(5 分)

33. 简述法国印象派对油画艺术发展的主要贡献。(5 分)

六、技能题(本大题共 2 小题,每小题 10 分,共 20 分)

34. 下图为某校校旗,请为该学校设计一个校徽并作简要设计说明。

35. 请完成“艺”字的黑体(3 分)、宋体(3 分)及创意字体(4 分)的设计(黑白稿即可)。

七、材料分析题(本大题 10 分)

36. 欣赏以下作品并按要求回答问题。

作品一:

作品二:

(1)请写出以上两幅作品的名称及作者。(4 分)

(2)请写出两幅作品的绘画内容并论述二者的艺术特色。(6 分)

2021年黑龙江省哈尔滨市新区教师招聘考试真题试卷(精编)(八)

中小学美术

(满分150分　时间120分钟)

本套试卷共收录65小题,包括单项选择题(39小题),判断题(25小题),作品分析题(1小题)。

一、单项选择题(本大题共39小题,每小题2分,共78分)

1.《义务教育美术课程标准》(2011年版)"设计・应用"学习领域的目的是形成学生(　　)和提高动手能力。

A. 审美意识　　B. 设计意识

C. 探索意识　　D. 合作意识

2. 有的学生在进行素描绘画时只刻画局部,导致画面不够整体。面对该情况,教师应教导学生遵循(　　)的基本程序。

A. 局部一整体　　B. 局部一整体一局部

C. 整体一局部　　D. 整体—局部一整体

3."以美育代宗教"由(　　)提出。(易混)

A. 陶行知　　B. 徐悲鸿

C. 蔡元培　　D. 林风眠

4.《格尔尼卡》中的"马"的形象象征(　　)

A. 格尔尼卡人民　　B. 法西斯

C. 毕加索　　D. 士兵

5. 代表洛可可时代市民艺术的静物画家是(　　)

A. 格勒兹　　B. 夏尔丹

C. 华托　　D. 布歇

6. 魏晋时期,提出"以形写神""迁想妙得"并有作品《洛神赋图》的是(　　)

A. 石涛　　B. 张择端

C. 顾恺之　　D. 吴道子

7. 提出"搜尽奇峰打草稿"并著有《苦瓜和尚画语录》的是(　　)

A. 徐渭　　B. 梁楷

C. 石涛　　D. 朱耷

8. 下列不属于"设计・应用"学习领域的是(　　)

A. 平面设计　　B. 民间工艺

C. 色彩构成　　D. 绘画

9.《鹿王本生图》出自(　　)(常考)

A. 云冈石窟　　B. 龙门石窟

C. 麦积山石窟　　D. 敦煌莫高窟

10. 元代画家黄公望的(　　)描绘了新安江下游的景致,把宋人的"深远"变为"阔远"加以表现,同时把道教思想融入绘画构图中,体现出元代画家的创新精神。

A.《松岩楼阁图》　　B.《富春山居图》

C.《庐山高图》　　D.《溪山雨意图》

11."八大山人"是指(　　)(常考)

A. 王蒙　　B. 徐渭　　C. 朱耷　　D. 韩滉

12. 西方美术史上,多表现敬神,围绕神庙纪念活动创作,具有理想化、个性化、典雅精致特点的是(　　)

A. 古埃及美术　　B. 爱琴美术

C. 古希腊美术　　D. 古罗马美术

13. 达・芬奇的(　　)明确使用等腰三角形构图,这一做法为当时流行的金字塔构图奠定了基础,并且用光源的分布来调和画面平衡、衬托人物塑造的深入。

A.《基督受洗》　　B.《岩间圣母》

C.《蒙娜丽莎》　　D.《最后的晚餐》

14."外师造化,中得心源"是由(　　)提出的。

A. 谢赫　　B. 张璪　　C. 王维　　D. 张彦远

15. 泰姬陵在(　　)(易错)

A. 泰国　B. 日本　C. 尼泊尔　D. 印度

16. "三远法"出自(　　)

A.《图画见闻志》　B.《林泉高致》

C.《画鉴》　D.《艺苑卮言》

17.《掷铁饼者》是(　　)的作品。

A. 罗丹　B. 米隆

C. 留西波斯　D. 波留克列特斯

18.《溪山行旅图》是(　　)的作品,并且被董其昌称为"宋画第一"。

A. 范宽　B. 李成　C. 董源　D. 巨然

19. 奉先寺卢舍那大佛出自(　　)

A. 敦煌莫高窟　B. 龙门石窟

C. 麦积山石窟　D. 云冈石窟

20. 巴黎圣母院属于(　　)建筑。(常考)

A. 罗马式　B. 拜占庭式

C. 哥特式　D. 拉丁式

21. 艺术的形式美法则不包括(　　)

A. 创造　B. 对比　C. 均衡　D. 对称

22. 中国园林的设计思想是追求(　　)

A. 均衡法则　B. 诗情画意

C. 改造自然　D. 讲究对称

23. 壁画中最耐久、最易清洗、最耐腐蚀、色彩最鲜艳、表现手法最多样的是(　　)

A. 陶瓷壁画　B. 银箔壁画

C. 金箔壁画　D. 油漆壁画

24. 不用色,单用墨的浓淡干湿表现峰峦山石的山水画法是(　　)

A. 青绿山水　B. 水墨山水

C. 写意山水　D. 没骨山水

25.《雅典学院》运用了(　　)

A. 成角透视　B. 斜角透视

C. 平行透视　D. 散点透视

26. 下列选项中,不属于行书特点的是(　　)(易错)

A. 富有表现力　B. 笔无起伏

C. 行云流水　D. 刚柔相济

27. 周代青铜器纹样多运用(　　)

A. 几何纹样　B. 铭文

C. 帝王自画像　D. 奇特纹样

28. 运用象征手法,具有朴素自然、深沉雄大特点的西汉大型石刻陵墓雕塑为(　　)

A. 昭陵六骏　B. 大夏石马

C. 马踏匈奴　D. 李冰石像

29. 硬币上的图案运用了(　　)

A. 高浮雕　B. 微雕

C. 浅浮雕　D. 透雕

30. 以下属于公共标志的是(　　)

A. 企业商标　B. 交通标志

C. 私人印章　D. 校徽

31. 世界上现有最大、最完整的古代木结构宫殿建筑群是(　　)

A. 法国凡尔赛宫　B. 美国白宫

C. 北京故宫　D. 英国白金汉宫

32. 在建筑小品中,狭长通畅、弯曲空透,既"引"且"观"的是(　　)

A. 廊　B. 榭　C. 亭　D. 舫

33. 美术色彩写生课程《烛光下的静物》授课时应考虑的影响因素为(　　)

A. 环境色　B. 光源色　C. 固有色　D. 冷暖色

34. 最早的风俗画是(　　)

A.《舞蹈纹彩陶盆》　B.《人物龙凤帛画》

C.《人物御龙帛画》　D.《车马人物出行图》

35. 东晋时期画家中,注重人物传神,运用春蚕叶丝般的"高古游丝描"的是(　　)

A. 张择端　B. 李公麟

C. 顾恺之　D. 吴道子

36. 以下以连环画形式呈现，并且是五代南唐时期作品的是(　　)

A.《虢国夫人游春图》　　B.《簪花仕女图》

C.《韩熙载夜宴图》　　D.《写生珍禽图》

37. “外师造化，中得心源”体现了(　　)

A. 笔墨关系　　B. 整体与局部关系

C. 艺术与现实的关系　　D. 光色关系

38. 四神瓦当中，青龙代表的方位是(　　)(易混)

A. 北方　　B. 东方　　C. 西方　　D. 南方

39. (　　)是李公麟的白描作品。

A.《五牛图》　　B.《清明上河图》

C.《五马图》　　D.《李白行吟图》

二、判断题(本大题共 25 小题，每小题 2 分，共 50 分)

40. 书法分为楷体、魏碑、行书、隶书。(　　)

41.《四使徒》是德国画家丢勒在中年时期的绘画作品。(　　)

42.《步辇图》是现存最早的表现蒙汉团结交好的画作。(　　)

43. 毕加索是印象主义画家。(　　)

44. 郭熙早年风格细致秀美，晚年落笔益壮、重视意境，代表作品为《早春图》。(　　)

45. “扬州八怪”是清代生活在扬州的八位画家的统称。(　　)

46. “明四家”是指沈周、文徵明、唐寅、仇英。(　　)

47. 明清时期四大名绣分别是苏绣、粤绣、蜀绣、湘绣。(　　)

48. 作品《自由引导人民》表现的是法国的海难事件。(　　)

49. 在透视画法中，只有直线才可以用坐标格将该线的位置固定，而曲线不可以。(　　)

50. 编织的材料有竹、藤、柳、草等。(　　)

51. 慢写可以反复修改，这也是它区别于速写的主要标志，更适合初学者。(　　)

52. 大红比深红更暖。(　　)

53. 东方艺术设计观念的产生与形成相对漫长，而西方艺术设计观念的产生与形成相对短暂。(　　)

54. 新石器时代的石器用途往往较为专一，石器的选材有石英、黑曜石、碧玉，但不会使用到玛瑙。(　　)

55. 秦代的工艺美术重实用，敦厚质朴。(　　)

56. 唐代的王维擅长画鹰，画面突兀逼人，充满肃杀之气。(　　)

57. 元代书法的集大成者是赵孟頫。(　　)

58. 凡·高作品的特点是强烈明亮的色彩、粗犷的笔触，代表作有《向日葵》等。(　　)

59.《最后的审判》是米开朗基罗晚年创作的祭坛画。(　　)

60. “逸笔草草，不求形似”是元代倪瓒提出的观点。(常考)(　　)

61. 毕加索的《亚威农少女》被认为是第一件有立体主义倾向的作品。(　　)

62. 哈夫拉金字塔前的狮身人面像，也就是古希腊人所说的“斯芬克斯”，象征着王权神授的观念。(　　)

63. 哥特式教堂的立面充满了垂直线，呈现出一种强烈的升腾之势，借此体现了伊斯兰教徒对于天国的向往。(　　)

64. 法国现实主义代表画家库尔贝的代表作品有《塞纳河畔少女》和《画室》。(　　)

三、作品分析题(本大题 20 分)

65. 赏析作品《蛙声十里出山泉》。

2020年天津市静海区教师招聘考试真题试卷(九)

中小学美术

(满分100分　时间120分钟)

本套试卷共39小题,包括单项选择题(15小题),判断题(10小题),填空题(6小题),名词解释(3小题),论述题(2小题),连线题(1小题),透视绘图题(1小题),默写绘画题(1小题)。

一、单项选择题(本大题共15小题,每小题2分,共30分)

1. 雕塑《加莱义民》是谁的作品(　　)

A. 罗丹　　B. 吕德

C. 亨利·摩尔　　D. 布朗库西

2. 中国古代流行时间最长、产量最大的是(　　)瓷。

A. 青花　　B. 白　　C. 青　　D. 珐琅彩

3. 书法作品《兰亭序》是(　　)的作品。

A. 王羲之　　B. 颜真卿　　C. 柳公权　　D. 顾恺之

4. 楷书最早产生于(　　)

A. 明代　　B. 宋代　　C. 唐代　　D. 汉代

5.《溪山行旅图》是北宋时期(　　)的作品。

A. 李成　　B. 范宽　　C. 郭熙　　D. 崔白

6. 被历代民间画工和士大夫称为"画圣"和"画祖"的唐代画家是(　　)

A. 阎立本　　B. 吴道子

C. 张萱　　D. 张择端

7. 法国画家塞尚在西方被尊称为(　　)

A. 后印象派之父　　B. 现代绘画之父

C. 印象派之父　　D. 当代绘画之父

8. 故宫分为外朝和内廷两大部分,外朝的三大殿是(　　)(常考)

A. 文华殿　武英殿　太和殿　　B. 中和殿　太和殿　保和殿

C. 中和殿　武英殿　保和殿　　D. 武英殿　光明殿　太和殿

9. "吾家洗砚池头树,朵朵花开淡墨痕。不要人夸好颜色,只留清气满乾坤。"此诗的作者是(　　)

A. 苏轼　　B. 金农　　C. 王冕　　D. 齐白石

10. 河北满城汉墓出土了一件名为(　　)的灯具。

A. 树形灯　　B. 错银铜牛灯　　C. 铜雀灯　　D. 长信宫灯

11. 下列不属于中国画中常用的用墨方法的是(　　)

A. 滴墨法　　B. 破墨法　　C. 泼墨法　　D. 积墨法

12. 铜胎掐丝珐琅的俗名是(　　)

A. 唐三彩　　B. 扣器　　C. 景泰蓝　　D. 宣德炉

13. 古代阴阳五行说以青龙、白虎、朱雀、玄武四种动物象征神,其中青龙为(　　)之神。

A. 北方　　B. 东方　　C. 西方　　D. 南方

14. 齐白石的中国画《蛙声十里出山泉》描绘的是(　　)

A. 青蛙　　B. 牛蛙　　C. 蝌蚪　　D. 树蛙

15. 浮世绘是日本17世纪兴起的一种艺术,它将民间日常生活作为创作题材,主要通过(　　)的形式表现出来。(常考)

A. 水彩画　　B. 工笔画　　C. 版画　　D. 油画

二、判断题(本大题共10小题,每小题1分,共10分)

16. 欣赏一幅剪纸作品是否优秀,主要是以刀味与纸感、生活情趣与造型准确性为标准。(　　)

17. 物体近大远小是透视现象的基本规律。透视现象可分为两种:一种是平行透视,一种是倾斜透视。(　　)

18. 标志是一种具有强烈传达功能的符号,设计时要求简明易认,一目了然,有独创性。(　　)

19. 西班牙画家达利的《内战的预言》是西方现代抽象主义绘画的代表作。(　　)

20. 中国画简称国画,一般指用毛笔在普通白纸上作画。(　　)

21. "意大利文艺复兴三杰"是指达·芬奇、拉斐尔、米开朗基罗。(　　)

22. 罗中立的《父亲》借鉴了西方艺术中的超现实主义手法。(易混)(　　)

23. 工笔从画法上可分为白描、淡彩、重彩、没骨四种。(　　)

24. 拉斐尔擅长描绘女性形象,他描绘的圣母端庄、恬静、优雅、纯洁。(　　)

25. 地平线就是视平线。(　　)

三、填空题(本大题共6小题,每空0.5分,共6分)

26. 雕塑分为:圆雕、浮雕、________。

27. 美术的社会功能包括:认识功能、________、________。

28. 美术按其语言方式或美术类型分为具象艺术、________、________。

29. 美术中所说的三原色是指________、________、________。

30. 凡·高是荷兰的著名油画家,他的代表作有________、________。

31. 我国先秦时代的青铜器分为:礼器、乐器、________、________。

四、名词解释(本大题共 3 小题,每小题 3 分,共 9 分)

32. 二方连续

33. 平行透视

34. 民间美术

五、论述题(本大题共 2 小题,每小题 8 分,共 16 分)

35. 简述中国四大石窟的艺术特点。

36. 试述顾恺之在中国绘画史上的地位。

六、连线题(**本大题4分**)

37. 将花卉纹样正确的变形手法连起来。

夸张　　添加　　几何化　　简化

七、透视绘图题(**本大题10分**)

38. 作一个立方体的成角透视(两点透视)图。

八、默写绘画题(**本大题15分**)

39. 默写公交车站等候乘车的两位青年。

绘画要求:构图合理,结构准确,线条流畅,生动传神。

2020年山东省临沂市罗庄区教师招聘考试真题试卷(精编)(十)

中小学美术

(本套试卷只收录学科专业知识部分)

本套试卷共收录34小题,包括单项选择题(10小题),判断题(10小题),填空题(10小题),简答题(4小题)。

一、单项选择题(本大题共10小题,每小题1分,共10分)

1. 近代绘画大师陈衡恪形容中国古代某一画派“不但把意思趣味放在画里,而且把写字方法也放进去”,这一画派属于(　　)

A. 市民文化　　B. 山水画派

C. 文人画　　D. 意向画派

2. 青绿山水形成于唐代的李思训和(　　)(常考)

A. 李唐　　B. 李公麟　　C. 李昭道　　D. 李成

3.《沉睡的维纳斯》《三个哲学家》是威尼斯画派(　　)的作品。

A. 乔尔乔涅　　B. 乔托　　C. 提香　　D. 马萨乔

4. 下列选项中,正确描述古希腊艺术美学特征的是(　　)

A. 崇高而悲壮　　B. 威严而冷峻

C. 活泼而流畅　　D. 优美而典雅

5.《国王与王后》的作者是英国现代著名的雕塑家(　　)

A. 亨利·摩尔　　B. 马约尔　　C. 布尔德尔　　D. 马里尼

6. 提出“尊德性、道学问、致广大、尽精微、极高明、道中庸”观点的美术教育家是(　　)(易错)

A. 刘海粟　　B. 林风眠　　C. 潘天寿　　D. 徐悲鸿

7. 意大利文艺复兴时期,被称为“佛罗伦萨画派创始人”的画家是(　　)

A. 拉斐尔　　B. 丢勒　　C. 乔托　　D. 毕加索

8. 毕加索是(　　)画家。

A. 法国　　B. 苏联　　C. 西班牙　　D. 荷兰

9. 美术教学设计的特点是(　　)(易混)

A. 全体性、素质性、多元性　　B. 思想性、实用性、科学性

C. 创新性、审美性、基础性　　D. 人文性、视觉性、实践性

10. (　　)常具有多义性、朦胧性,经常是只可意会不可言传,需要欣赏者反复领会、细心感悟。

A. 艺术语言　　B. 艺术构思　　C. 艺术意蕴　　D. 艺术创作

二、判断题(本大题共10小题,每小题1分,共10分)

11. 以艺术作品对现实的反映方式为依据,艺术一般可分为时间艺术、空间艺术。(　　)

12.《义务教育美术课程标准》(2011年版)中指出,新课程中的“综合·探索”学习领域是指通过综合性的美术活动,引导学生主动探索、研究、创造以及综合解决问题的学习领域。(　　)

13. 在美术教学中,要重视评价对学生的促进发展作用,要采用固定方法,调动学生学习美术的积极性。(　　)

14. 唐代有记载的花鸟画家中,边鸾擅写活禽生卉,时以“牡丹第一、正面鸟雀第一、折枝第一”而称名画坛。(　　)

15. 美术的基本特征是指造型性、可视性、空间性和社会性。(　　)

16. 某位僧人画家把自己的号连续写成“哭之”“笑之”的字样,他是清代的石涛。(　　)

17. 美术的性质主要有四个层面,即社会性质、认识性质、审美性质、历史性质。(　　)

18. 美术教学中的物质环境主要是指课堂自然条件、教学设施以及空间布置。(　　)

19. 明景泰年间,最盛行的工艺品是景泰蓝。(　　)

20. 新古典主义艺术家安格尔以表现古典理想美的女人体而著称,《阿尔及利亚女子》《土耳其浴室》是他的代表作品。(　　)

三、填空题(本大题共10小题,每空1分,共24分)

21. 倡导自主、合作、探究的学习方式的目的在于改变传统的以________为中心、以________为中心和以________为中心的局面,促进学生自主协作意识、创新意识以及实践能力的发展。

22. ________的出现标志着山水画理论已进入成熟阶段。

23. 创造人体比例为1:7的希腊雕刻家是________,其理论具体体现在他的雕刻《________》中。

24. 明代“浙派”的代表画家是________和________。

25. 数千年来,汉字的形体经历了甲骨文、金文、小篆、________、________、________、________不同的历史阶段,点画的形态与字形结构发生了多次美妙的嬗变。(常考)

26. 雕塑的基本表现形式,可以分为圆雕、________和________。

27. 17世纪,荷兰杰出的肖像画家________,是荷兰________画派的奠基人,其代表作品是《吉卜赛女郎》。

28. 以一个单位纹样沿上下或者左右做有规律的连续重复排列,这种形式被称为________。

29. 中国画的物质材料是________、________和________,因此,中国画的表现手法是________的笔墨。

30. "清初四王"又称"________",他们在艺术思想上的共同特点是仿古。"四王"以山水画为主,各自画风略有区别,又有师承关系,分为________与________两派。

四、简答题(本大题共4小题,每小题4分,共16分)

31. 元代画风的转变主要表现在哪些方面?

32. 圆雕和浮雕在制作上有何不同?

33. 简述建筑艺术的审美特征。

34. 简述齐白石作品的艺术特色及主张。

预测试卷

教师招聘考试预测试卷(一)

中学美术

(满分 100 分 时间 120 分钟)

本套试卷共 50 小题,包括单项选择题(20 小题),判断题(10 小题),填空题(10 小题),名词解释(4 小题),简答题(4 小题),论述题(1 小题),创作题(1 小题)。

一、单项选择题(本大题共 20 小题,每小题 1 分,共 20 分)

1.《戴珍珠耳环的少女》是(   )的作品。

A. 达利 B. 伦勃朗 C. 维米尔 D. 凡·高

2.(   )是现存中国古代第一部体例完备且相对完整的绘画通史著作。

A.《林泉高致》 B.《贞观公私画录》

C.《唐朝名画录》 D.《历代名画记》

3. 艺术家克里斯托的《山谷大幕》属于(   )

A. 行为艺术 B. 欧普艺术

C. 大地艺术 D. 超写实主义艺术

4. 17 世纪,法国风景画的代表人物是(   )

A. 夏加尔 B. 普桑 C. 洛兰 D. 拉图尔

5. "实用、坚固、美观"是(   )提出的建筑经典公式。

A. 米开朗基罗 B. 罗丹

C. 菲狄亚斯 D. 维特鲁威

6. 美术欣赏教学的一般过程包括感知、分析、理解和(   )

A. 共鸣 B. 想象 C. 评价 D. 欣赏

7. 采用连续图画形式画成长卷《洛神赋图》的是(   )

A. 曹不兴 B. 张僧繇 C. 陆探微 D. 顾恺之

8. 继席里柯之后,被称为 19 世纪法国浪漫主义杰出代表的画家是(   )

A. 德加 B. 德拉克洛瓦 C. 杜尚 D. 马列维奇

9. 下列选项中,属于阎立本作品的是(   )

A.《游春图》 B.《送子天王图》

C.《步辇图》 D.《江山雪霁图》

10. 按我国传统画论中的"三庭五眼"之说,眼在头高的(   )处。

A. 五分之一 B. 三分之一

C. 五分之二 D. 二分之一

11. 秦汉时期,陶俑的主要作用是(   )

A. 陪葬的偶人 B. 生活用品

C. 装饰用品 D. 礼器

12. "教必有法,但教无定法"讲的是教学方法的运用必须(   )

A. 坚持以启发为指导 B. 做到原则性与灵活性相结合

C. 做到最佳选择 D. 做到教法新颖独特

13.(   )提出了"借古以开今""笔墨当随时代"等创造性见解和重视发挥画家个性的主张,对 18 世纪以来的中国画创作产生了深刻影响。

A. 石涛 B. 弘仁

C. 朱耷 D. 董其昌

14. 下列作品中,既体现造型与工艺完美结合又有环保作用的是(   )

A. 长信宫灯 B. 十五连盏灯

C. 四羊方尊 D. 错金银龙凤方案

15. 古希腊人在制作瓶画时,在赤褐色或黄褐色的陶壁上先画出轮廓,然后以一种黑色颜料依轮廓平涂成黑色剪影,并用锐器刻透黑色图层,直达底色,以表现轮廓内部区分线,这种制作技法被称为(   )

A. 红绘式 B. 黑绘式

C. 白底彩绘式 D. 东方样式

16. 按照设计的花样,用针线在织物上构成图案或文字的传统手工艺被称为(   )

A. 剪纸 B. 刺绣 C. 雕刻 D. 编织

17. 北宋时期,被称为"不古不今,自成一家"的画家是(   )

A. 李成 B. 王诜 C. 梁楷 D. 李宗成

18. 运用剪刀、刻刀等工具在纸上经剪、刻、镂空等艺术加工,使之成为有装饰情趣的平面造型艺术品的民间美术是(   )

A. 年画 B. 风筝 C. 皮影 D. 剪纸

19.“笔才一二,象已应焉”是指(　　)的绘画风格。

A. 顾恺之　　B. 张僧繇　　C. 曹仲达　　D. 陆探微

20.《义务教育艺术课程标准》(2022 年版)课程性质指出,艺术教育是美育的重要组成部分,其核心在于(　　),塑造美好心灵。

A. 弘扬真善美　　B. 提升美术素养

C. 塑造审美意识　　D. 提高对美术的兴趣

二、判断题(本大题共 10 小题,每小题 1 分,共 10 分)

21. 清初“四僧”指的是清初具有创新精神的四位僧人,他们分别是朱耷、徐渭、石涛、弘仁。(　　)

22. 刊头与标题在板报的设计中起着画龙点睛的作用。(　　)

23. 各艺术学科学业质量标准具有不可测性、不可评性,不设水平等级,只规定学生在每个学段学习结束之后应达到的合格标准。(　　)

24. 郑板桥所说的“从眼中之竹,到胸中之竹,再到手中之竹”是指感性表象。(　　)

25. 历代书法的特征是“晋人尚法,唐人尚韵,宋人尚态,元明尚意”。(　　)

26. 昭陵六骏石刻浮雕是唐武则天陵墓前的雕塑。(　　)

27. 在我国福建及广东、广西,长期以来客家聚族而居,因而形成了四合院。(　　)

28. 西藏布达拉宫是一组大型喇嘛教寺院建筑群,它的主体建筑分为“红宫”和“白宫”两个部分。(　　)

29. 超现实主义画家中,马格利特擅长以儿童般的方式作画,画面中具有童稚的趣味。(　　)

30. 圣彼得教堂前的广场及柱廊是巴洛克艺术大师博罗米尼的作品。(　　)

三、填空题(本大题共 10 小题,每空 1 分,共 10 分)

31. 霍去病墓石雕群为________时期雕刻艺术的代表作品。

32. 宋代山水画家________的代表作品是《溪山行旅图》。

33. 我国现存最大、保存最完整的古代宫殿建筑群是北京的________。

34. 永乐宫壁画的精华部分是位于________内的壁画。

35. 西方旧石器时代最杰出的洞窟壁画是法国的________洞窟壁画和西班牙的阿尔塔米拉洞窟壁画。

36.《义务教育艺术课程标准》(2022 年版)指出艺术课程要培养的核心素养主要包括审美感知、艺术表现、创意实践、________等。

37.《义务教育艺术课程标准》(2022 年版)美术第四学段学习任务 2 ________指出,本学习任务主要引导学生运用传统与现代的工具、材料和媒介,创作平面、立体或动态等表现形式的美术作品,创造性地表达对自然与社会的感受、思考和认识,发展创造性思维能力。

38.《根特祭坛画》是尼德兰文艺复兴时期的画家________的代表作。

39. 西班牙文艺复兴时期的艺术奇才是________,其代表作有《奥尔加兹伯爵的葬礼》。

40. 1884 年在上海创刊的________,是画报与时事新闻相结合的产物。

四、名词解释(本大题共 4 小题,每小题 2.5 分,共 10 分)

41. 南陈北崔

42. 南张北齐

43. 黑陶

44. 仕女画

五、简答题(本大题共 4 小题,每小题 5 分,共 20 分)

45. 简述“六朝三杰”。

46. 简述《义务教育艺术课程标准》(2022 年版)美术第四学段学习任务 1 的内容要求。

47. 简述王羲之的书法艺术。

48. 分析古希腊作品《米洛斯的阿芙罗蒂德》。

六、论述题(本大题 10 分)

49. 请结合作品分析五代时期南北画派在山水画发展历程中的地位及其艺术成就。

七、创作题(本大题 20 分)

50. 设计画室一角。

教师招聘考试预测试卷(二)

中学美术

(满分 100 分　时间 120 分钟)

本套试卷共 42 小题,包括单项选择题(25 小题),判断题(10 小题),简答题(2 小题),论述题(1 小题),教学设计题(1 小题),美术图示题(2 小题),美术创作题(1 小题)。

一、单项选择题(本大题共 25 小题,每小题 1 分,共 25 分)

1. 宋代杨万里的诗句“儿童急走追黄蝶,飞入菜花无处寻”所体现的色彩关系是(　　)

A. 同类色　　B. 调和色

C. 对比色　　D. 互补色

2. 以下选项中,属于日本江户时代“浮世绘”代表画家的是(　　)

A. 葛饰北斋　　B. 丸木俊

C. 宫崎骏　　D. 手冢治虫

3. 色彩学中,由三原色中的某两种原色相互混合而成的颜色称为间色。下列颜色中属于间色的是(　　)

A. 黄　　B. 紫　　C. 红　　D. 蓝

4. 现代设计中,三大构成指的是(　　)

A. 平面构成、色彩构成、立体构成　　B. 色相、明度、纯度

C. 点构成、线构成、面构成　　D. 平面构成、色彩构成、材料构成

5. “米氏云山”以(　　)最为著名。

A. 山水画　　B. 花鸟画

人物画　　D. 墨竹画

世纪俄罗斯最重要的画派是(　　)

A. 巴黎画派　　B. 巡回画派

C. 威尼斯画派　　D. 巴比松画派

属于明代吴门画派画家沈周代表作的是(　　)

A.《富春山居图》　　B.《三顾茅庐图》

C.《庐山高图》　　D.《落霞孤鹜图》

8. 下列描述中,最能体现印象派绘画艺术特征的是(　　)

A. 从根本上改变了西方美术的写实传统

B. 采用极端变形夸张的手法

C. 更加追求光色变化

D. 画面呈现出喧闹、速度感的特征

9.《红蓝黄的构图》是荷兰画家蒙德里安的作品,该作品属于(　　)绘画流派。

A. 印象主义　　B. 至上主义

C. 超现实主义　　D. 风格派

10. (　　)认为书法与绘画无法分隔,提出了“书画同源”的主张。

A. 郭若虚　　B. 郭熙

C. 赵孟頫　　D. 董其昌

11. 在莫奈的油画《睡莲》中,蓝色的湖水和绿色的莲叶相互映衬,构成了一幅和谐统一的画面,这两种颜色属于(　　)

A. 邻近色　　B. 同类色

C. 对比色　　D. 互补色

12. 被授予“人民艺术家”称号,在诗、书、画、印方面造诣都很深的现代画家是(　　)

A. 吴冠中　　B. 石涛

C. 齐白石　　D. 韩美林

13. “明四家”中以临摹古画为业的是(　　)

A. 沈周　　B. 文徵明　　C. 唐寅　　D. 仇英

14. 波普艺术是 1960 年前后流行于美国的一种艺术现象,它具有大众、流行、通俗的特征。下列选项中,属于波普艺术家的是(　　)

A. 高更　　B. 夏加尔

C. 安迪・沃霍尔　　D. 戈雅

15. 米开朗基罗为梵蒂冈西斯廷教堂创作的表现《圣经》中上帝创造世界的场面的巨幅天顶画是(　　)

A.《最后的审判》　　B.《大卫》

C.《创世纪》　　D.《最后的晚餐》

16. 以霍去病墓前的《马踏匈奴》为代表的汉代石雕艺术的主要特征是(　　)

A. 精细灵巧　　B. 温润细腻

C. 华丽繁复　　D. 深沉雄大

17.《斜倚的女人体》的作者是英国现代著名雕塑家(　　)

A. 贝尼尼　　B. 亨利·摩尔

C. 贝利尼　　D. 罗丹

18. 作品取材于儿童生活、街头景象和古诗词意,风格平淡,意味隽永的中国现代漫画家是(　　)

A. 刘海粟　　B. 齐白石

C. 丰子恺　　D. 张大千

19. 中国画从表现技法上可以分为工笔画和写意画两类,以下属于工笔画的是(　　)

A. 梁楷的《泼墨仙人图》　　B. 徐渭的《墨葡萄图》

C. 赵佶的《芙蓉锦鸡图》　　D. 黄公望的《富春山居图》

20. 引导学生了解“设计满足实用功能与审美价值,传递社会责任”的设计原则,为满足学校或社区的学习与生活需求设计作品,形成设计意识,增强社会责任感。这属于美术第四学段学习任务3(　　)

A. 感受中外美术的魅力　　B. 表现无限创意

C. 我们与设计同行　　D. 学做传统工艺品

21. 人民英雄纪念碑的底座雕塑,依照表现形式分类属于(　　)

A. 浮雕　　B. 圆雕　　C. 镂空雕　　D. 透雕

22. 下列选项中,属于《义务教育艺术课程标准》(2022 年版)校本教研建议的是(　　)

A. 以问题为导向,持续开展基于研究的教学改进

B. 关注研究成果与经验共享

C. 聚焦关键问题开展主题教研

D. 基于调研整体设计教研方案

23. 欧阳询的书法笔画精瘦,结体严谨,其代表作有(　　)

A.《草书千字文》　　B.《九成宫醴泉铭》

C.《颜勤礼碑》　　D.《蜀素帖》

24. 不属于以语言信息传达和交流为主的美术教学方法是(　　)

A. 观察法　　B. 讲授法

C. 讨论法　　D. 谈话法

25. 库淑兰是中国民间剪纸艺术杰出的代表人物之一,1996 年被联合国教科文组织授予“民间工艺美术大师”的称号,她的代表作品是(　　)

A.《蝴蝶妈妈》　　B.《拉手娃娃》

C.《姜央射日》　　D.《剪花娘子》

二、判断题(本大题共 10 小题,每小题 1 分,共 10 分)

26. 唐三彩是宋代的一种低温釉瓷。(　　)

27. 我国现存最早的玉龙形象是红山文化的“C”形玉雕龙。(　　)

28. 南宋画家马远的代表作品有《踏歌图》《寒江独钓图》等。(　　)

29. 从字体来说,美术字可分为楷体、黑体和变体三大类。(　　)

30. 王冕是元代诗、书、画、印修养全面的典型文人画家,代表作是《墨梅图》。(　　)

31. 门采尔的《轧铁工厂》是以油画的形式反映现代工业生产最初阶段的代表作。(　　)

32. 以顾恺之的《论画》和谢赫的《画品》为代表的著述,是魏晋南北朝时期出现的专著。(　　)

33.《链子上一条狗的动态》是未来主义的核心人物波丘尼的代表作。(　　)

34.《义务教育艺术课程标准》(2022 年版)指出,通过“综合·探索”,学生掌握美术知识、技能和思维方式,围绕题材,提炼主题,采用平面、立体或动态等多种表现形式表达思想和情感。(　　)

35. 两河流域最早的美术是由希腊人创造的。(　　)

三、简答题(本大题共 2 小题,每小题 5 分,共 10 分)

36. 请简析波提切利的作品《春》。

37. 请写出至少五条《义务教育艺术课程标准》(2022 年版)美术学业质量描述第四学段的内容。

四、论述题(本大题10分)

38. 论述宋元明清绘画发展的特征。

五、教学设计题(本大题20分)

39. 根据提供的《纸板的联想——座椅设计》一课的材料内容,设计1课时的教学简案。

材料一: 据文籍记载,椅子的名称始见于唐代,而椅子的形象则要上溯到汉魏时传入北方的胡床。座椅的分类,按照使用功能分类:可分为机场座椅、汽车座椅、公交座椅、家庭座椅、餐厅座椅、儿童安全座椅、休闲座椅等。按照材料分类:可分为铝合金座椅、不锈钢座椅、铁制座椅、木制座椅以及其他材料座椅等。

材料二: 《纸板的联想——座椅设计》是以"设计·应用"为主的综合课。围绕纸板座椅设计与制作技巧的学习,引导学生通过对座椅历史和特征的探索,激发设计制作纸板座椅的热情。

要求:

(1)写出一篇规范、完整的课时教学简案。

(2)根据需要选择和处理教材内容。

(3)恰当设定本课的教学目标、教学重点和难点。

(4)合理地设计学习活动和作业要求。

六、美术图示题(本大题共2小题,每小题5分,共10分)

40. 以牡丹为题材,在下面的圆形内画出相应的适合纹样。

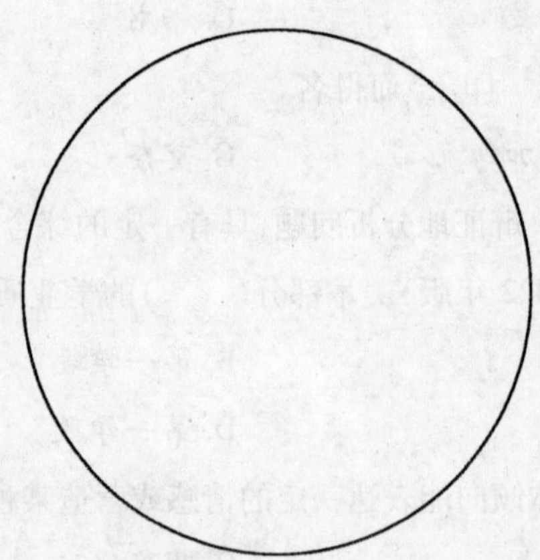

41. 请按照构图的基本规律,将人、椅子、桌子进行合理的组合,并画到下面的方框中(画面内容可根据需要适当添加)。

七、美术创作题(本大题15分)

42. 请以校园内的景物为主体,创作一幅绘画作品。

教师招聘考试预测试卷(三)

中学美术

(满分 100 分　时间 120 分钟)

本套试卷共 49 小题,包括填空题(10 小题),单项选择题(20 小题),判断题(10 小题),名词解释(4 小题),简答题(2 小题),论述题(2 小题),教学设计题(1 小题)。

一、填空题(本大题共 10 小题,每空 1 分,共 10 分)

1. 艺术的________特性是区别于其他社会实践活动及意识形态活动的基本标志。

2.《义务教育艺术课程标准》(2022 年版)指出,6 ~ 7 年级属于第________学段。

3. ________被称为"中美洲文化之母"。

4.《__________》生动刻画了狮子受箭伤后的悲惨处境,表现出其受难后对生的向往。

5. 西安半坡出土的《人面鱼纹彩陶盆》属于新石器时代__________文化的彩陶。

6. 擅长"易圆以方,易整以散"装饰手法的画家是________。

7. 达·芬奇的作品《__________》将画中的人物和宛如中国山水一般的背景结合在一起,给人留下无限遐想的余地。

8.《杜普教授的解剖学课》是荷兰现实主义绘画巨匠________的作品。

9. 中国花鸟画在构图上采用________构图,抓住花鸟最生动的部分进行刻画,借物抒情、托物言志。

10. 世界上第一所完全为发展设计教育而建立的学校是__________设计学院。它创造的现代主义设计风格对世界工业设计发展有着深远的影响。

二、单项选择题(本大题共 20 小题,每小题 1 分,共 20 分)

11. 用剪纸艺术来抒发自己思想感情的画家是(　　)

A. 毕加索　　B. 达利　　C. 马蒂斯　　D. 谢洛夫

12.《义务教育艺术课程标准》(2022 年版)美术部分指出,每一学段均设置(　　)项学习任务,将美术语言(造型元素和形式原理)贯穿其中。

A. 3　　B. 4　　C. 5　　D. 6

13. 安格尔的作品(　　)描绘了手举水罐的裸体少女。

A.《瓦平松的浴女》　　B.《土耳其浴室》

C.《泉》　　D.《大宫女》

14. 美术鉴赏的社会功能主要体现在三个方面:认识功能、(　　)、审美功能。

A. 评价功能　　B. 体会功能　　C. 联想功能　　D. 教育功能

15. 秦始皇统一六国后,成为秦代官方通行文字的是(　　)

A. 大篆　　B. 小篆　　C. 楷书　　D. 隶书

16. 印象派因(　　)的作品《日出·印象》而得名。

A. 马奈　　B. 德加　　C. 莫奈　　D. 高更

17. 能运用跨学科的方法,多角度、辩证地分析问题,具有一定的综合探索和学习迁移的能力。这属于《义务教育艺术课程标准》(2022 年版)美术部分(　　)的学业质量描述。

A. 第三学段　　B. 第一学段

C. 第二学段　　D. 第一学段

18. 在艺术作品中画面色彩的总体倾向能表达一定的情感或营造某种特定氛围,称为(　　)

A. 色调　　B. 色相　　C. 明度　　D. 纯度

19. 三国时期被誉为"佛画之祖",传有"落墨为蝇"典故的画家是(　　)

A. 卫协　　B. 曹不兴　　C. 顾恺之　　D. 陆探微

20.《义务教育艺术课程标准》(2022 年版)教师培训建议指出,应面向全体艺术教师开展培训、精心设计培训内容、(　　)

A. 采用固定化的培训方式　　B. 采用多元化的培训方式

C. 采用多方面的培训方式　　D. 采用多样化的培训方式

21.《秋千》的创作者是洛可可画家(　　)

A. 华托　　B. 布歇　　C. 乔托　　D. 弗拉戈纳尔

22. 下列画家不属于"后印象派三杰"的是(　　)

A. 高更　　B. 凡·高　　C. 莫奈　　D. 塞尚

23. (　　)是用简单而夸张的手法来描绘生活或时事的图画,一般运用变形、比喻、象征、暗示、影射的方法,构成幽默诙谐的画面或画面组,以取得讽刺或歌颂的效果。

A. 漫画　　B. 连环画　　C. 卡通　　D. 装饰画

24.《洛神赋图》是魏晋时期(　　)的作品,取材于曹植的《洛神赋》,描绘了曹植与洛神之间的动人故事。

A. 石涛　　B. 张择端　　C. 顾恺之　　D. 吴道子

25. 雕塑《指手的男子》是(　　)的作品。

A. 亨利·摩尔　　B. 贾科梅蒂　　C. 米隆　　D. 考尔德

26. 由一个或者几个基本纹样向上下左右四个方向做有规律的连续重复排列的图案形式是(　　)

A. 二方连续　　B. 四方连续

C. 边缘适合纹样　　D. 角隅适合纹样

27. 20 世纪达达主义的代表人物是(　　)

A. 米罗　　B. 巴拉　　C. 杜尚　　D. 马格里特

28. 油画《齐白石像》的作者是(　　)

A. 刘海粟　　B. 吴作人　　C. 林风眠　　D. 詹建俊

29. 17 世纪法国风景画的代表人物是(　　),被称为“大自然的歌手”。

A. 夏尔丹　　B. 洛兰　　C. 普桑　　D. 透纳

30. 明代画家陈洪绶最突出的艺术成就是(　　)

A. 版画　　B. 中国画　　C. 油画　　D. 插画

三、判断题(本大题共 10 小题,每小题 1 分,共 10 分)

31. 毛公鼎中的铭文是目前已知最长的青铜器铭文。(　　)

32. 3DMAX 是常用的动画设计软件之一。(　　)

33.《乡村的订婚》《父亲的诅咒》都是 18 世纪法国的平民写实主义画家夏尔丹的作品。(　　)

34.《马踏飞燕》是 1979 年甘肃武威雷台西汉墓出土的一件惊世之作,它体现出了汉人积极进取的精神和勇武豪迈的气概。(　　)

35. 景深是指一幅照片中可以接受的清晰范围。光圈小则景深小,即远近景物都清晰;光圈大则景深大,即焦点清晰,其他景物模糊。(　　)

36.“多角度探究美术在过去、现在和未来对推动政治、文化、经济、科技发展方面的作用。”属于《义务教育艺术课程标准》(2022 年版)中美术第四学段学习任务 4 的内容要求。(　　)

37. 解剖学和透视学是文艺复兴时期所应用的科学知识。(　　)

38. 八大山人是指张萱、李公麟、黄公望、王蒙、吴镇、倪云林、朱耷和吴道子。(　　)

39. 18 世纪欧洲艺术中心转移到了法国。(　　)

40. 西方野兽主义绘画流派常用的表现手法是使用纯色,笔法放纵。(　　)

四、名词解释(本大题共 4 小题,每小题 2.5 分,共 10 分)

41. 青绿山水

42. 积墨法

43. 后印象主义

44. 表现主义

五、简答题(本大题共 2 小题,每小题 4 分,共 8 分)

45. 简述戈雅的作品《1808 年 5 月 3 日的枪杀》的内容及艺术性。

46. 简述《义务教育艺术课程标准》(2022 年版)的课程理念。

六、论述题(本大题共 2 小题,每小题 11 分,共 22 分)

47. 试述法国新古典主义美术。

48. 塞尚被誉为"现代绘画之父",试从现代美术理论与塞尚的绘画特点两个方面论述塞尚为什么被尊称为"现代绘画之父"?

七、教学设计题(本大题 20 分)

49. 以下是某位美术老师关于《寄情山水》一课导入环节的设计,补写"教授新课"环节的内容。

一、教学目标

1. 通过学习树的画法,初步了解中国山水画发展的概况,并对其材质、形式和内容有所认识。掌握山水画的步骤方法,能理解"勾、皴、染、点"的含义。

2. 让学生积极主动地参与美术活动,掌握美术欣赏、评价、表现等基本方法,形成良好的美术学习习惯。

3. 通过欣赏祖国大好河山,激发学生热爱大自然、热爱祖国和家乡的感情,领略中国传统文化的魅力,并让学生感受画家所寄托的思想情感。

二、教学重难点

教学重点:初步了解山水画的内容、形式,并掌握山水画的四个步骤。

教学难点:能用笔墨表现山水,理解诗境与画境的统一。

三、教学过程

(一)导入新课

1. 出示有诗情画意的山水风景照片配以山水为内容的音乐,引导学生进行欣赏与观察,并提问:你知道有哪些描写和赞美祖国山水的名诗名句?然后组织学生对"你看到的山水和画家笔下的山水有何不同?"的问题展开讨论。

2. 中国古代诗人用文字做笔墨,寄情山水,而画家用笔墨做语言,抒情达意,让我们一起走进充满诗情画意的艺术殿堂。

由此引出课题——《寄情山水》

(二)教授新课

(三)课堂小结(略)

教师招聘考试预测试卷(四)

中学美术

(满分 100 分　时间 120 分钟)

本套试卷共 64 小题,包括单项选择题(60 小题),简答题(2 小题),论述题(1 小题),教学设计题(1 小题)。

一、单项选择题(本大题共 60 小题,每小题 1 分,共 60 分)

1. 下图作品采用的构图方式是(　　)

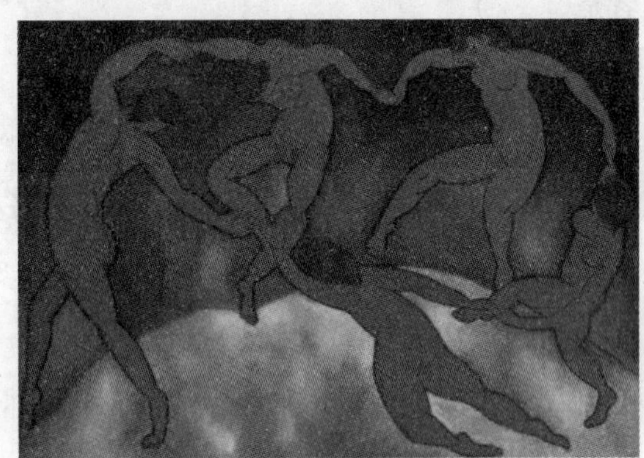

A. 圆形构图　　B. 斜线构图　　C. S 形构图　　D. 三角形构图

2. 俄罗斯巡回展览画派中,被称为"森林的歌手"的风景画大师是(　　)

A. 克拉姆斯柯依　　B. 列宾　　C. 苏里柯夫　　D. 希施金

3.《照夜白图》的作者是唐代画家(　　)

A. 周昉　　B. 韩幹　　C. 韩滉　　D. 边鸾

4. 下列有关 19 世纪法国现实主义美术的描述正确的是(　　)

A. 代表画家有库尔贝、席里柯、米勒　　B. 强调如实地再现生活

C. 代表作品有《打石工》《自由引导人民》　　D. 细腻唯美,注重装饰

5. 艺术创作者群体有相同或相近的艺术主张,代表人物成就显著,其创作实践和艺术成果也被人们认可,这就形成了(　　)

A. 艺术风格　　B. 艺术流派　　C. 艺术思潮　　D. 艺术趣味

6. 下列属于张旭狂草作品的是(　　)

A.《兰亭序》　　B.《祭侄文稿》

C.《古诗四帖》　　D.《鸭头丸帖》

7. 在印象派画家中,(　　)是唯一一个参加了印象派全部 8 次展览的画家。

A. 西斯莱　　B. 马奈　　C. 毕沙罗　　D. 莫奈

8. 下图油画作品《荷加斯兄弟的宣誓》的作者是(　　)

A. 委拉斯贵支　　B. 达维特　　C. 安格尔　　D. 德拉克洛瓦

9. 版画《战争的灾难》是浪漫主义画家戈雅在(　　)创作。

A. 18 世纪中期　　B. 18 世纪末

C. 19 世纪初　　D. 19 世纪中期

10. 美术语言中,线条、明暗、色调属于(　　)

A. 艺术规律　　B. 艺术手法

C. 造型规律　　D. 表现手段

11. 灵岩寺的彩塑罗汉是(　　)泥塑的代表。

A. 秦汉　　B. 宋代　　C. 元代　　D. 隋唐

12. 下列选项中,对《格尔尼卡》的表述不正确的是(　　)

A. 所描绘的轰炸事件发生在德国　　B. 作者为西班牙著名画家毕加索

C. 结合了立体主义和超现实主义的风格　　D. 巴黎世界博览会西班牙馆的壁画

13. 宋代画坛一个很重要的现象是院体画与(　　)的对峙。

A. 宫廷画　　B. 民间画　　C. 风俗画　　D. 文人画

14. 印象主义画家莫奈在晚期创作的作品是(　　)

A.《巴黎人》　　B.《包厢》

C.《日出·印象》　　D.《睡莲》

15. 标志着山水画创作的成熟与山水画理论体系的进一步完善的著作是(　　)

A.《古画品录》　B.《笔法记》　C.《林泉高致》　D.《芥子园画传》

16. (　　)是指以线条或明暗色面来描绘的单色画。

A. 素描　B. 写意　C. 工笔　D. 水彩

17. (　　)的出现,标志着中国山水画的逐渐成熟。

A.《江帆楼阁图》　B.《富春山居图》　C.《溪山行旅图》　D.《游春图》

18. 文艺复兴时期佛罗伦萨画派的第一位大师和最后一位大师分别是(　　)

A. 乔托和马萨乔　B. 乔托和提香　C. 乔托和乌切罗　D. 乔托和波提切利

19. 下列纯度最高的颜色是(　　)

A. 红、黄、蓝　B. 绿、紫、橙　C. 黄、紫、绿　D. 红、绿、蓝

20. 始建于元代的永乐宫位于山西省(　　)

A. 大同　B. 芮城　C. 晋城　D. 太原

21. RGB 颜色模式中的 B 指的是(　　)

A. 红色　B. 黄色　C. 绿色　D. 蓝色

22. “白阳青藤”指的是我国明代画家陈淳和(　　)

A. 戴进　B. 徐渭　C. 林良　D. 陈洪绶

23.《义务教育艺术课程标准》(2022 年版)美术学科指出,通过(　　),学生学会解读美术作品,理解美术及其发展概况。

A. 欣赏・评述　B. 造型・表现　C. 设计・应用　D. 综合・探索

24. 波普艺术的名称最初出现在 20 世纪 50 年代的(　　)

A. 法国　B. 意大利　C. 美国　D. 英国

25. “入木三分”形容的是(　　)艺术。

A. 陶瓷　B. 雕刻　C. 绘画　D. 书法

26.《义务教育艺术课程标准》(2022 年版)教学建议指出,坚持(　　)为本,强化素养立意。

A. 育人　B. 美育　C. 立德　D. 学生

27. 艺术作品在整体上呈现出的具有代表性的独特面貌是(　　)

A. 风格　B. 形式　C. 色调　D. 门类

28. “山是一尊佛,佛是一座山”指的是中国最大的一尊摩崖石像,也是世界现存最大的一尊摩崖石像(　　)

A. 乐山大佛　B. 卢舍那大佛　C. 大足石刻　D. 一佛二菩萨像

29. 提出作画“妙在似与不似之间”的画家是(　　)

A. 齐白石　B. 张大千　C. 黄宾虹　D. 潘天寿

30. 黑白木刻《到前线去》的作者是(　　)

A. 陈铁耕　B. 李桦　C. 胡一川　D. 黄新波

31. 民间剪纸中的许多图案采用(　　)和寓意的方式来表达美好的象征意义。

A. 谐音　B. 色彩　C. 笔触　D. 大小

32. 在直观或思考的基础上对美术作品的价值、意义、艺术成就等进行评论或判断称作(　　)

A. 美术表现　B. 美术创作　C. 美术批评　D. 美术行为

33.《一把和三把椅子》的作者是(　　)

A. 安迪・沃霍尔　B. 克罗斯　C. 科苏斯　D. 克里斯托

34.《义务教育艺术课程标准》(2022 年版)美术学科第三学段的学习任务 1 是(　　)

A. 传递我们的创意　B. 领略世界美术的多样性　C. 营造环境　D. 传承传统工艺

35. 引导学生根据“人与自然和谐共生”的设计原则,对学校或社区进行环境规划,增强社会责任意识。这是《义务教育艺术课程标准》(2022 年版)美术学科中第三学段(　　)的内容。

A. 学习任务 1　B. 学习任务 2　C. 学习任务 3　D. 学习任务 5

36. 下图是威尼斯画派全盛时期画家(　　)的作品。

A. 贝利尼　B. 提香　C. 丁托列托　D. 乔尔乔涅

37.(　　)是学生在完成课程阶段性学习之后的学业成就表现,反映核心素养要求。

A. 学业质量　B. 学业评价　C. 学业成绩　D. 学业素养

38.《希阿岛的屠杀》是(　　)的代表作品。

A. 席里柯　B. 康斯特布尔

C. 德拉克洛瓦　D. 吕德

39. 布朗库西的作品(　　)被称为"抽象雕塑的美丽教母"。

A.《吻》　B.《睡着的缪斯》

C.《波嘉尼小姐》　D.《母与子》

40.(　　)是艺术课程内容的重要载体。艺术教材的编写,要充分体现艺术课程标准的基本理念和各项要求,使之成为教师创造性地开展教学和学生进行主动学习最基本的教学资源。

A. 艺术资源　B. 艺术教材　C. 艺术理论　D. 艺术理念

41. 将纺织面料进行打结、捆绑、缝缀等不同方式处理,然后染色的手工艺称为(　　)

A. 刺绣　B. 蜡染　C. 扎染　D. 编织

42. 油画作品《近卫军临刑的早晨》的作者属于(　　)

A. 俄国巡回展览画派　B. 法国巴比松画派

C. 意大利威尼斯画派　D. 法国现实主义画派

43. 下列选项中,对"明暗交界线"理解正确的是(　　)

A. 背光面与阴影相交界的部分　B. 受光面与高光面相交界的部分

C. 受光面与背光面相交界的部分　D. 背光面与反光面相交界的部分

44. 马格里特属于(　　)画派。

A. 野兽主义　B. 立体主义

C. 超现实主义　D. 表现主义

45.《拾穗者》描绘了三个贫苦的农妇在田地里拾麦穗的情景,其作者是(　　)

A. 柯罗　B. 米勒　C. 库尔贝　D. 席里柯

46. 拜占庭建筑艺术主要继承的是(　　)

A. 洛可可风格　B. 古罗马风格

C. 古希腊风格　D. 哥特式风格

47. 肖像漫画最关键的表现因素是变形、夸张和(　　)

A. 讽刺　B. 概括　C. 幽默　D. 风趣

48. 著名的巨石文化遗迹是(　　)的"斯通亨治"。

A. 美国　B. 英国　C. 法国　D. 西班牙

49. 蒙德里安的艺术又被称为(　　)

①冷抽象　②热抽象　③风格派　④新造型主义

A. ①③④　B. ②③④

C. ①③　D. ②④

50. 山水画的学习方法包括(　　)、写生和创作。

A. 白描　B. 拓印　C. 创作　D. 临摹

51.(　　)又称"章法""布局"或"经营位置",是指画面的布局定位,它关系着画面的美感,也体现着作画的意图。

A. 写生　B. 构图　C. 素描　D. 摹写

52. 下列画家与其作品风格搭配不正确的是(　　)

A. 顾恺之——以神写形　B. 吴道子——吴带当风

C. 王维——画中有诗　D. 马远——残山剩水

53. 下列选项中,属于两河流域文明的是(　　)

A. 狮身人面像　B. 科洛西姆竞技场

C. 汉谟拉比法典　D. 阿布辛贝神庙

54. 流水别墅的设计者是(　　)

A. 赖特　B. 柯布西耶　C. 格罗皮乌斯　D. 贾科梅蒂

55.(　　)以科学的探究精神将解剖学、透视学的知识运用于绘画。

A. 布鲁内莱斯基　B. 提香

C. 马萨乔　D. 多纳太罗

56.《田横五百士》的作者是(　　)

A. 黄宾虹　B. 徐悲鸿　C. 刘海粟　D. 齐白石

57. 发现于奥地利的圆雕作品(　　)表现人们对母性的崇拜,被认为是人类雕塑艺术的开端。

A.《出浴的维纳斯》　B.《威伦多夫的维纳斯》

C.《持角杯的维纳斯》　D.《米洛斯的阿芙罗蒂德》

58. 画像石和画像砖是汉代美术的重要实物资料,它们是用于墓室或(　　)等建筑的构件。

A. 宫殿　B. 城墙　C. 祠堂　D. 寺庙

59. 明暗素描中的三个基本层次是指受光、背光和(　　)

A. 高光　B. 明暗交界线　C. 逆光　D. 反光

60. 代表宋代书法最高成就的"宋四家"是黄庭坚、米芾、蔡襄和(　　)

A. 颜真卿　B. 苏轼　C. 柳公权　D. 欧阳询

二、简答题(本大题共2小题,每小题5分,共10分)

61. 简要阐述欧洲中世纪艺术的特点。

62. 简述“米氏云山”的特点及创造者。

三、论述题(本大题10分)

63. 请从艺术特征、主要作用、形式法则、典型代表等角度谈一谈你对古埃及艺术的了解。

四、教学设计题(本大题20分)

64. 根据提供的《文化风景线》一课的资料内容,设计1课时的教学简案。

资料内容:

在我们城市迷人的画面中,闪烁着无数颗精彩的亮点。尽管路边这些形态各异的户外广告、指示牌、书报亭、候车亭等城市环境设施,只是体现一座城市品位的最细小部分,然而正是这些城市新景观,串起了街区一道道魅力四射的文化风景线。

要求:

(1)写出一篇规范、完整的课时教学简案。

(2)根据需要选择和处理教材内容。

(3)恰当设定本课的教学目标、教学重点和难点。

(4)合理地设计学习活动和作业要求。

教师招聘考试预测试卷(五)

中学美术

(满分 120 分　时间 150 分钟)

本套试卷共 48 小题,包括单项选择题(30 小题),填空题(10 小题),简答题(4 小题),案例分析题(1 小题),教学设计题(1 小题),美术创作题(2 小题)。

一、单项选择题(本大题共 30 小题,每小题 1 分,共 30 分)

1.“感知、发现、体验和欣赏艺术美、自然美、生活美、社会美,提升审美感知能力”,这属于《义务教育艺术课程标准》(2022 年版)课程(　　)的内容。

A. 总目标　B. 分目标　C. 学段目标　D. 阶段目标

2.(　　)是潜伏在艺术家潜意识深处的一种直觉式的顿悟,是突发的心灵奇迹。

A. 构思　B. 创作　C. 灵感　D. 想象

3. 中国现代画家中,(　　)的画以山水著称,画风为“黑、密、厚、重,然虚实有致”。

A. 齐白石　B. 徐悲鸿　C. 张大千　D. 黄宾虹

4.《义务教育艺术课程标准》(2022 年版)中将 8 ~9 年级划分为美术学科的(　　)

A. 第一学段　B. 第二学段　C. 第三学段　D. 第四学段

5.(　　)是在生活领域中以功能为前提,通过物质生产手段对材料进行审美加工的一种美的创造,是美化生活用品和生活环境的美术。

A. 工艺美术　B. 建筑　C. 现代设计　D. 雕塑

6. 杜米埃是 19 世纪(　　)现实主义画家。

A. 德国　B. 西班牙　C. 俄国　D. 法国

7. 印度泰姬陵是著名的(　　)建筑。

A. 佛教　B. 伊斯兰教　C. 基督教　D. 道教

8. 竹画是中国绘画特有的专科,历史悠久。下列画家中属于“湖州竹派”的是(　　)

A. 文同　B. 郑板桥　C. 钱选　D. 唐寅

9. 华托、布歇、弗拉戈纳尔是法国(　　)的著名代表画家。

A. 浪漫主义　B. 现实主义

C. 洛可可艺术　D. 巴洛克艺术

10. 下图是________的作品,体现了________风格。选(　　)

A. 蒙克　表现主义　B. 毕加索　立体主义

C. 马蒂斯　野兽主义　D. 巴拉　未来主义

11. 通过(　　),学生将所掌握的美术知识、技能和思维方式,与自然、社会、科技、人文相结合,进行综合探索与学习迁移,提升核心素养。

A. 欣赏 · 评述　B. 造型 · 表现

C. 设计 · 应用　D. 综合 · 探索

12.《弋射收获图》属于(　　)

A. 帛画　B. 画像石　C. 画像砖　D. 木雕

13. 艺术的最高追求是(　　)

A. 创造无我之境　B. 创造有我之境

C. 创造有意境的意象世界　D. 创造有生命力的典型意象

14. 圆形巨石阵“斯通亨治”是(　　)最典型的代表。

A. 旧石器时期　B. 中世纪时期

C. 新石器时期　D. 古王国时期

15. 伴随着我国农历新年贺岁和驱灾辟邪活动而产生的绘画形式是(　　)

A. 年画　B. 文人画　C. 漆画　D. 插画

16. 苏州四大园林是指(　　)

A. 拙政园、沧浪亭、网师园、留园　B. 拙政园、沧浪亭、狮子林、怡园

C. 拙政园、网师园、狮子林、留园　D. 拙政园、沧浪亭、狮子林、留园

17.(　　)是指油画作画时先用单色画出形体大貌,然后用颜色多层次塑造,暗部往往画得较薄,中间调子和亮部则层层厚涂,或盖或留,形成色块对比。

A. 透明覆色法　B. 不透明覆色法

C. 直接着色法　D. 间接着色法

18. 新木刻运动的倡导者是(　　)

A. 鲁迅　　B. 古元　　C. 李桦　　D. 赵延年

19.《书吏凯伊像》是埃及古王国时期的雕塑,它属于(　　)

A. 抽象雕塑　　B. 具象雕塑　　C. 意象雕塑　　D. 动态雕塑

20. 波臣派是明代人物画流派之一,其创始人为(　　)

A. 陈淳　　B. 曾鲸　　C. 陈洪绶　　D. 丁云鹏

21. 被誉为"天下第三行书"的是(　　)

A.《黄州寒食诗帖》　　B.《蜀素帖》

C.《自叙帖》　　D.《楷书千字文》

22. 我国古代画家作山水画,"咫尺有千里趣"是指(　　)的作品。

A. 曹不兴　　B. 顾恺之　　C. 展子虔　　D. 黄公望

23. "白如玉,明如镜,薄如纸,声如磬"是用来形容(　　)

A. 景德镇瓷器　　B. 宜春脱胎漆器

C. 江西剪纸　　D. 南昌石雕

24. 继承和发展了乔托艺术传统的是意大利画家(　　)

A. 拉斐尔　　B. 马萨乔　　C. 库尔贝　　D. 提香

25.《尸毗王本生》是(　　)中的作品。

A. 莫高窟　　B. 麦积山石窟

C. 云冈石窟　　D. 龙门石窟

26. 凯旋门是为了纪念(　　)而建造的。

A. 战争胜利　　B. 重要节日

C. 英雄人物　　D. 帝王功勋

27. (　　)是夏圭的长卷作品,画面忽山忽水,变化丰富,巨石峭壁,景色开阔有深度。

A.《溪山清远图》　　B.《寒江独钓图》

C.《千里江山图》　　D.《踏歌图》

28. 在色相环上处于180度角的颜色是哪一组(　　)

A. 红—黄　　B. 蓝—橙　　C. 紫—橙　　D. 绿—黄

29. (　　)在"四大名锦"中历史最悠久,影响也最深远。

A. 云锦　　B. 宋锦　　C. 壮锦　　D. 蜀锦

30. 他的雕塑被称为"巴洛克艺术"的代表作品,如《阿波罗与达芙妮》,人们赞美他"能让大理石说话",他是(　　)

A. 米开朗基罗　　B. 贝尼尼　　C. 吕德　　D. 罗丹

二、填空题(本大题共10小题,每空1分,共20分)

31. 透视线的终点是________。

32. 克里姆特的作品《________》运用象征的手法将女人的一生:幼年、青年和老年浓缩在一幅画中。

33. "海上三任"是活跃在上海画坛的________、________和________。

34. 现代媒体艺术模块学习内容由________、________、________和________等组成。

35. 在表现中国传统艺术所需的工具中,笔、________、________、________被称为"文房四宝"。

36. 艺术作品的内容由________和________组成。

37. 已知中国古代最大的青铜鼎是________时期的________。

38. 春秋时代的青铜器________具有社会大变革时代的艺术特色。

39. 古埃及法老的陵墓建筑主要是________。

40.《下楼梯的裸女第二号》是________国画家________创作的作品。

三、简答题(本大题共4小题,每小题5分,共20分)

41. 简述浪漫主义绘画的艺术风格。

42. 简述《义务教育艺术课程标准》(2022年版)评价建议中教学评价的基本原则。

43. 简述潘天寿作品的艺术特点。

44. 简述中国古建筑中的斗拱。

四、案例分析题(本大题 10 分)

45. 某美术教师上校园建筑写生课时,直接将学生带到操场,说明材料工具的使用要求后,给学生布置了“教学楼一角写生”的作业,让学生自由写生,学生轻松愉快地完成了作业。但多数人的作业都出现了透视错误,且构图有的太大,有的太小。可美术教师不以为然,认为过程更重要,这才是新课标所倡导的自主学习和愉快学习。

问题:请对该教师的教学进行评价与分析。

五、教学设计题(本大题 20 分)

46. 根据提供的人教版七年级下册第一单元第一课《源于生活,高于生活》的资料内容,设计 1 课时的教学简案。

资料内容:

美术作品与现实生活紧密相连。本课我们以画家王式廓创作的《血衣》为例,来学习艺术家是如何表现自己对生活的独特感受,进行美术创作的。通过欣赏这些作品,有益于树立对美术家的尊重及作品的正确价值观,并提高我们的审美能力。

要求:

(1)写出一篇规范、完整课时的教学简案。

(2)根据需要选择和处理教材内容。

(3)恰当地设定本课的教学目标、教学重点和难点。

(4)合理地设计学习活动和作业要求。

六、美术创作题(本大题共 2 小题,每小题 10 分,共 20 分)

47. 书写变体美术字“丝绸之路”四个字。

48. 以速写的形式画出一个运动中的男青年。

教师招聘考试预测试卷(六)

中学美术

(满分 100 分　时间 120 分钟)

本套试卷共 30 小题,包括填空题(10 小题),单项选择题(10 小题),简答题(3 小题),论述题(3 小题),美术创作题(3 小题),教学设计题(1 小题)。

一、填空题(本大题共 10 小题,每空 1 分,共 20 分)

1. 倡导把"提香的色彩和米开朗基罗的形体结合起来"的画家是________。

2. 唐代画马的名家是__________,画牛的名家是__________,他们的代表作品分别是《__________》《__________》。

3. 世界上现存最早的敞肩拱桥是________代的赵州桥。

4. 中国美术史上现存最早的一部绘画著作是裴孝源的《__________》,而断代史著作有朱景玄的《__________》。

5. 魏晋南北朝时期的两篇重要的山水画文献是宗炳的《__________》和王微的《__________》。

6. 被誉为"天下第二行书"的《祭侄文稿》的作者是__________。

7. 有一幅西班牙画家于 1936 年创作的油画,画中有一个巨大的残缺人体,其器官四分五裂,再组成触目惊心的梦中幻象,画家运用超现实主义的绘画方法,揭示出战争的荒谬和残酷,其作品名称是《__________》。

8.《红色的和谐》的作者是__________,他是__________(画派)的代表人物。

9. 中国传统文化中,"四方位神"为青龙、________、________、________。

10. "扬州八怪"大致分为三类,其中一类是厌弃官场的文人画家,如________、________、________等。

二、单项选择题(本大题共 10 小题,每小题 1 分,共 10 分)

11. 造型元素属于美术语言,以下属于造型元素的是(　　)

A. 对称、色彩、空间、明暗　　B. 统一、变化、色彩、空间

C. 线条、形状、空间、明暗　　D. 重复、均衡、色彩、明暗

12. 南宋时期以擅画婴戏图著称的画家是(　　)

A. 刘松年　　B. 马远

C. 苏汉臣　　D. 李唐

13. 五代南唐著名画家(　　)的人物画神情意态逼真,用笔圆劲,间有方笔转折,设色浓丽。《韩熙载夜宴图》是其具有深刻主题思想和较高艺术性的作品。

A. 顾闳中　　B. 巨然　　C. 王齐翰　　D. 荆浩

14. 敦煌莫高窟的《鹿王本生图》,属于(　　)题材的壁画作品。

A. 佛教　　B. 道教　　C. 印度教　　D. 回教

15.《田园合奏》是威尼斯画派全盛时期画家(　　)的作品。

A. 贝利尼　　B. 提香　　C. 丁托列托　　D. 乔尔乔涅

16. 古代保留下来最完整的皇家园林是(　　)

A. 圆明园　　B. 颐和园　　C. 留园　　D. 怡园

17. 东晋最为知名的雕塑家是(　　)

A. 曹仲达　　B. 杨惠之　　C. 吴道子　　D. 戴逵

18. (　　)是西方美术史上最擅长塑造圣母形象的大师。

A. 波提切利　　B. 安格尔　　C. 拉斐尔　　D. 提香

19. 后印象主义中向往原始和自然生活的艺术家是(　　)

A. 塞尚　　B. 高更　　C. 凡·高　　D. 莫奈

20.《义务教育美术课程标准》(2011 年版)指出,各学习领域分别由目标、学习活动建议和(　　)三部分组成。

A. 教学评价　　B. 教学实施　　C. 评价要点　　D. 评价方式

三、简答题(本大题共 3 小题,每小题 4 分,共 12 分)

21. 简要介绍艺术作品内容与形式的关系。

22. 简述意大利文艺复兴时期佛罗伦萨画派的代表人物及其代表作品。

23. 简述北京故宫的历史发展、建筑特点和总体布局。

四、论述题（本大题共3小题，每小题6分，共18分）

24. 为什么说魏晋南北朝是我国山水画的萌芽期？

25. 简述郎世宁的绘画特点。

26. 如何解决有些农村或比较偏远的经济不发达地区教学资源匮乏的问题？举例说明。

五、美术创作题（本大题共3小题，共20分）

27. 请以鱼为题材设计一幅二方连续纹样的图片。（6分）

28. 分别以“喜悦”和“难过”为主题，设计两幅脸谱面具。（7分）

29. 以卡通人物形象“米老鼠”为主题创作一幅绘画作品。（7分）

六、教学设计题（本大题20分）

30. 根据以下给出的材料，以“梅竹言志”为课题，写出一篇完整的教案设计。

资料内容：

梅花枝干遒劲，花朵飘香；翠竹葱郁挺拔，宁折不弯。在人们心目中，它们凌冬不败，傲霜斗雪，象征坚强的意志，寓意高洁不屈的精神。古往今来，人们托物言志，以各种方式赞美它们，追求表现崇高的人生境界。

让我们尝试使用中国画工具，学习传统绘画的表现方法来画梅、竹，体会传统绘画的情趣。

要求：

(1)写出一篇规范、完整的课时教学简案。

(2)恰当设定本课的教学目标、教学重点和难点。

(3)合理地设计学习活动和作业要求。

(4)设计至少三个课堂提问。

教师招聘考试预测试卷(七)

中学美术

(满分 100 分　时间 120 分钟)

本套试卷共 52 小题,包括单项选择题(25 小题),多项选择题(10 小题),判断题(10 小题),连线题(2 小题),简答题(3 小题),案例分析题(2 小题)。

一、单项选择题(本大题共 25 小题,每小题 1 分,共 25 分)

1. 美术教材主要包括教科书和(　　)

A. 演示课件　B. 示范图　C. 教师参考用书　D. 课堂教具

2. "论画以形似,见与儿童邻"是(　　)的艺术主张。

A. 苏轼　B. 王维　C. 顾恺之　D. 赵孟頫

3. 苏州博物馆的设计师是(　　)

A. 王澍　B. 贝聿铭　C. 安藤忠雄　D. 扎哈

4. 20 世纪立体主义的主将是(　　)

A. 蒙克　B. 毕加索　C. 马蒂斯　D. 杜尚

5. 下列选项中,不是西班牙的绘画大师委拉斯贵支的作品的是(　　)

A.《纺织女》　B.《教皇英诺森十世》

C.《1808 年 5 月 3 日的枪杀》　D.《宫娥》

6. (　　)运用草书的体势,形成连绵不断的"一笔画",谢赫盛赞其"穷理尽性,事绝言象,包前孕后,古今独立"。

A. 曹仲达　B. 曹不兴　C. 陆探微　D. 张僧繇

7. 如下图所示,该作品的艺术风格是(　　)

A. 巴黎画派　B. 风格派　C. 未来主义　D. 超现实主义

8. 下列选项中,属于"造型・表现"学习领域的教学活动是(　　)

A. 为学校运动会或文艺活动设计招贴画

B. 针对一个社会性主题,从跨学科角度加以理解和表现

C. 选择写生、变形和抽象等方式,表达自己的想法和生活经验

D. 了解美术作品作为商品的价值,并发表自己的看法

9. 现藏于湖北省博物馆的曾侯乙编钟是(　　)时期的青铜器。

A. 春秋　B. 战国　C. 东汉　D. 西汉

10. 佛画样式被称为"周家样"的画家是(　　)

A. 周昉　B. 柳公权　C. 蔡襄　D. 张萱

11. 下列选项中,对间色的表述正确的是(　　)

A. 第三次色,有三原色的所有成分　B. 第二次色,有三原色的所有成分

C. 第二次色,有三原色其中两个色的成分　D. 第三次色,有三原色其中两个色的成分

12.《义务教育美术课程标准》(2011 年版)指出:地方课程资源非常丰富,各地美术教研机构、研究人员和教师应努力做好开发工作,有组织地在当地进行调查、了解,分类整理,充分加以利用,积极编写(　　)

A. 地方教材与课程　B. 校本课程与教材

C. 图书资源与课程　D. 校外资源与教材

13. 风景画《孟特芳丹的回忆》的作者是(　　)

A. 柯罗　B. 莫奈

C. 凡・高　D. 苏里科夫

14. 杜甫曾评价(　　)的马"斯须九重真龙出,一洗万古凡马空"。

A. 韩幹　B. 曹霸　C. 薛稷　D. 李公麟

15.《捣练图》的作者是(　　)

A. 张萱　B. 周昉　C. 阎立本　D. 周文矩

16. 我国古代书法作品《玄秘塔碑》的作者是(　　)

A. 赵孟頫　B. 颜真卿

C. 欧阳询　D. 柳公权

17. 浙派绘画的开创者是(　　)

A. 林良　B. 孙隆　C. 戴进　D. 吴昌硕

18. 密斯是最著名的现代主义建筑大师之一,他坚持(　　)的建筑设计哲学,在处理手法上主张流动空间的新概念。

A. "曲线第一"　B. "少就是多"

C. "东西方结合"　D. "回归自然"

19. 绘画作品《草地上的午餐》,现收藏于巴黎奥赛美术馆,它的作者是( )

A. 莫奈 B. 马奈 C. 毕沙罗 D. 雷诺阿

20. ( )在书法方面颇有造诣,是楷书的创始人,被后世尊为"楷书之祖"。

A. 颜真卿 B. 钟繇 C. 曹不兴 D. 王维

21. 西班牙画家( )的大量肖像画都坚持写实原则,轮廓明确清晰,着重表现人物的内心世界。

A. 毕加索 B. 委拉斯贵支

C. 戈雅 D. 苏巴朗

22. 张老师在上《诗情画意》一课时,从用笔、用墨、勾线、画枝、添叶、渲染等步骤详细讲解树的画法并逐步示范,使学生对树的画法有一个系统的了解。张老师在此处运用的教学方法是( )

A. 参观法 B. 演示法 C. 练习法 D. 情境法

23.《女十忙》和《男十忙》是( )年画。

A. 杨柳青 B. 桃花坞 C. 杨家埠 D. 朱仙镇

24. 以下选项不是王献之的作品的是( )

A.《快雪时晴帖》 B.《鸭头丸帖》

C.《洛神赋》 D.《中秋贴》

25. 通过"观摩录像或邀请当地工艺美术家、民间艺人,了解中国传统工艺的制作方式与特点",属于( )学习领域的学习活动建议。

A."造型·表现" B."设计·应用"

C."欣赏·评述" D."综合·探索"

二、多项选择题(本大题共 10 小题,每小题 2 分,共 20 分)

26. 展子虔的《游春图》是中国现存最早的山水画,下列对这幅画的描述正确的有( )

A. 初步探讨了"咫尺千里"的透视观

B. 尚无皴法,树木直接用粉点

C. 获得了"远近山川,咫尺千里"的效果

D. 展子虔是唐代画家

27. 以下选项中,( )是中国园林的类型。

A. 私家园林 B. 山林名胜

C. 帝王宫苑 D. 寺观园林

28. 哥特式建筑的特点是( )

A. 内部追求明亮光线 B. 外部多用高高的尖塔楼

C. 内部轻盈、空旷 D. 窗户多是五彩的玻璃镶嵌画图案

29. 版画可以分为( )等类型。

A. 铜版画 B. 丝网版画

C. 综合材料版画 D. 木版画

30. 下列对巴比松画派的描述正确的是( )

A. 与枫丹白露森林附近的巴比松村有关 B. 画家之间的绘画面貌各不相同

C. 柯罗是这一画派的代表画家 D. 画派创作体现出现实主义精神

31. 下列关于作品《踏歌图》,说法正确的是( )

A. 其作者是马远

B. 卧石与秀峰主要采用大斧劈皴

C. 作者在右边显著位置画了株高柳,使之贯入上部,起到了填充作用

D. 该作品运用了焦点透视

32. 以下选项中,( )属于海派画家。

A. 高剑父 B. 任伯年

C. 赵之谦 D. 吴昌硕

33. 在美术课上评价学生作品常常从哪几个方面展开?( )

A. 色彩 B. 价值

C. 历史意义 D. 造型

34. 篆刻艺术的三要素是( )

A. 篆法 B. 章法 C. 书法 D. 刀法

35.《江山如此多娇》是 1959 年初我国著名画家( )合作为建国十周年所绘制的。

A. 傅抱石 B. 罗中立

C. 关山月 D. 董希文

三、判断题(本大题共 10 小题,每小题 1 分,共 10 分)

36. 立体主义代表画家有毕加索、布拉克、蒙克。 ( )

37. 雕塑作品的创作及作品的好坏,不必考虑物质材料的选择,但必须要考虑的是艺术家技艺水平的高低。 ( )

38. 中国的山水画不拘泥于真山真水的描绘,而是追求一种诗情画意。 ( )

39. 安迪·沃霍尔在作品中出现了"POP"字样,波普艺术一词就此产生。 ( )

40. 寓意性和象征性是中国民间美术重要的艺术特征。 ( )

41. 水墨画始于秦代,成于唐代,盛于宋元,明清及近代以来继续发展。以笔法为主导,充分发挥墨法的功能。 ( )

42.《三毛流浪记》是张乐平的代表作。 ( )

43. 近代陈树人、经亨颐、高剑父组织"寒之友"社,以岁寒三友共勉。 ( )

44.《开国大典》的作者是吴作人。 ( )

45. 扬无咎所画墨竹开创了"湖州画派"。 ( )

四、连线题(本大题共 2 小题,每小题 5 分,共 10 分)

46. 将对应的画家与作品用线连起来。

《明皇受篆图》	李成
《春山行旅图》	董源
《重屏会棋图》	吴道子
《龙宿郊民图》	周文矩
《读碑窠石图》	李昭道

47. 请将下面建筑风格与代表性建筑用线连接起来。

罗马式	华西里・伯拉仁内教堂
哥特式	圣彼得大教堂
拜占庭式	米兰大教堂

五、简答题(本大题共 3 小题,每小题 5 分,共 15 分)

48. 简要概括古罗马美术与古希腊美术的区别。

49. 简述德拉克洛瓦的艺术风格。

50.《韩熙载夜宴图》的作者是谁?请简要分析该作品。

六、案例分析题(本大题共 2 小题,每小题 10 分,共 20 分)

51. 宋老师在《两个外国美术流派》一课中,先为学生简单地讲解了印象派的代表人物与艺术作品,而后安排学生围绕《日出・印象》进行临摹。课堂即将结束时,同学们对于印象派一知半解,同时也没有完成绘画作品。

问题:结合《义务教育美术课程标准》(2011 年版),分析宋老师的教学过程有哪些问题,并提出改进建议。

52. 背景:七年级“设计・应用”学习领域《标志设计》。

教师要求学生用自己设计的标志代替文字制作一篇短文并用图案装饰美化。教师在前面新授部分和学生一起讨论各种用图标代替文字的方法,气氛活跃,十分精彩。可后来布置作业时,教师给学生每组(四到五人)发一张大纸,要求他们合作完成一篇花样文章,一张纸可供四到五人合作的空间确实不大,学生从选题到装饰都意见不统一,先是争吵,后来就成了少数干、多数看的局面。

问题:该教师采用了哪种学习方式?说明此学习方式的优点和在本课中运用时存在的问题。

教师招聘考试预测试卷(八)

中学美术

(满分100分　时间120分钟)

本套试卷共42小题,包括单项选择题(10小题),填空题(10小题),判断题(10小题),名词解释(4小题),简答题(4小题),作品分析题(2小题),美术创作题(2小题)。

一、单项选择题(本大题共10小题,每小题2分,共20分)

1. 我国近代画家(　　)以画虾而闻名。

A. 齐白石　　B. 徐悲鸿　　C. 吴昌硕　　D. 李苦禅

2. 油画作品《舟发西苔岛》的作者是(　　)

A. 夏尔丹　　B. 华托　　C. 布歇　　D. 弗拉戈纳尔

3. 图中所示的是(　　)的作品。

A. 赵佶　　B. 崔白　　C. 黄筌　　D. 文同

4.《鸢尾花》是(　　)的作品。

A. 莫奈　　B. 高更　　C. 塞尚　　D. 凡·高

5. 鲁本斯既是一位有名的画家,也是一位出色的外交官,以下属于鲁本斯作品的是(　　)

A.《基督下十字架》　　B.《吉卜赛女郎》

C.《夜巡》　　D.《圣德列萨祭坛》

6. 下列作品中运用焦点透视来表现空间关系的是(　　)

A.《千里江山图》　　B.《最后的晚餐》

C.《清明上河图》　　D.《格尔尼卡》

7. 詹建俊的作品《狼牙山五壮士》的艺术类型是(　　)

A. 油画　　B. 年画　　C. 雕塑　　D. 漫画

8. 荷兰画家(　　)是专门描绘鲜花的画家,他对后世画鲜花的画家有很重要的影响。

A. 塞尚　　B. 勃鲁盖尔　　C. 博兰格　　D. 夏尔丹

9. 古人云"石分三面"是在强调物体的(　　)

A. 立体感　　B. 层次感　　C. 量感　　D. 质感

10.《卡通故事》一课中,学生通过观察卡通形象,绘制出有趣的卡通形象。此课所述的是(　　)的学习领域。

A."造型·表现"　　B."设计·应用"

C."欣赏·评述"　　D."综合·探索"

二、填空题(本大题共10小题,每空1分,共10分)

11. ________提出了"望秋云,神飞扬;临春风,思浩荡"。

12. 素有"画中兰亭"之美誉的中国古代经典传统绘画作品是元代画家黄公望创作的《__________》。

13. 文艺复兴时期著名画家__________为梵蒂冈宫创作了壁画名作《雅典学院》。

14. 近代画家任伯年注重文人画与民间美术的结合,创造了"__________"的新画风。

15.《马拉之死》是________的作品。

16.《向日葵》是________(国家)后印象派画家凡·高的代表作品。

17. 以心点为枢纽在画面上画一条垂直线,称为________。

18. 仰韶文化半坡类型最具代表性的陶器是《________》。

19. 帕特农神庙是一座供奉雅典娜女神的大理石建筑,它采用了________建筑型制,是雅典卫城中最精湛的建筑。

20. 德国文艺复兴时期最杰出的两位画家是________和小荷尔拜因。

三、判断题(本大题共10小题,每小题1分,共10分)

21. 唐寅的仕女画笔法刚柔相济、描写并用,创明代仕女画之典型,如《桃源仙境图》。　(　　)

22. 革命历史画《开国大典》被誉为"共和国成立的艺术见证"。　(　　)

23. 梁楷,擅画人物、山水、道释、鬼神,人称"梁疯子"。他的画以"减笔"之法著称。　(　　)

24.《群虾图》的作者是陈树人。　(　　)

25. 米勒是法国著名的农民画家,他创作了一系列饱含真挚情感的农村题材作品,如《去耕作的牛群》《村中落日》等。　(　　)

26. 四神瓦当中朱雀代表北方。　(　　)

27. 金文又称钟鼎文或大篆，在西周取得最高成就。 ( )

28. 清初四王（王时敏、王鉴、王蒙、王原祁）以画山水画为主，分为“娄东”与“虞山”两派。 ( )

29. 临摹是对别人创作绘画技巧的学习和借鉴，可以代替自己对物体的观察和研究。 ( )

30.《万壑松风图》是五代画家董源的作品。 ( )

四、名词解释（本大题共 4 小题，每小题 3 分，共 12 分）

31. 维也纳分离派

32. 画像石

33. 学院派

34. 斜角透视

五、简答题（本大题共 4 小题，每小题 5 分，共 20 分）

35. 简述巴洛克美术在欧洲兴起的原因及代表画家。

36. 简要分析阎立本的《步辇图》。

37. 简要分析朱景玄的《唐朝名画录》。

38. 简单列举初中阶段“造型·表现”学习领域的学习活动内容。

六、作品分析题(本大题共2小题,每小题4分,共8分)

39. 简要分析伦勃朗的《夜巡》。

40. 简要分析达维特的《荷加斯兄弟的宣誓》。

七、美术创作题(本大题共2小题,每小题10分,共20分)

41. 设计一个球形吊灯的外观,要求设计富有创意,主题纹样自定,用单色线描表现。

42. 以“梦想中的游乐园”为题,在下面空白处创作一幅绘画作品。

要求:主题突出,构图合理,形象生动,具有创意,表现形式和工具材料不限。

教师招聘考试预测试卷(九)

中学美术

(满分 100 分　时间 120 分钟)

本套试卷共52小题,包括单项选择题(20小题),填空题(11小题),判断题(10小题),名词解释(4小题),简答题(4小题),论述题(1小题),创作题(1小题),教学设计题(1小题)。

一、单项选择题(本大题共 20 小题,每小题 1 分,共 20 分)

1. 下列以冲刀法和切刀法为主要表现技法的美术门类是(　　)

A. 雕刻　B. 陶艺　C. 篆刻　D. 剪纸

2. 现存最大的喇嘛式塔是(　　)

A. 妙应寺白塔　B. 佛宫寺木塔

C. 开元寺料敌塔　D. 天宁寺塔

3. 人们根据各个艺术门类在时空上的特点,把美术划在(　　)的范畴之内。

A. 造型艺术　B. 空间艺术

C. 综合艺术　D. 概念艺术

4. 作品《格尔尼卡》的作者是立体主义绘画代表人物(　　)

A. 列宾　B. 莫迪里阿尼

C. 塞尚　D. 毕加索

5.《农民的婚礼》的作者是(　　)

A. 扬·凡·艾克　B. 勃鲁盖尔

C. 小荷尔拜因　D. 卡拉瓦乔

6. 故宫外朝建筑包括太和殿、中和殿和(　　)

A. 金銮殿　B. 保和殿　C. 奉先殿　D. 文华殿

7. 融合中西绘画之长的中国画家徐悲鸿,将中国画笔墨技巧与西方绘画的写实画法结合起来,创造了中国画新的艺术境界。下列不是徐悲鸿作品的是(　　)

A.《田横五百士》　B.《狼牙山五壮士》

C.《奔马图》　D.《愚公移山》

8. 印象派画家中以画芭蕾舞女题材著称的是(　　)

A. 马奈　B. 莫奈　C. 德加　D. 雷诺阿

9. 被称为"芝木匠"的画家是(　　)

A. 潘天寿　B. 齐白石

C. 张大千　D. 黄宾虹

10. 17 世纪的欧洲流行(　　)美术。

A. 巴洛克　B. 洛可可

C. 拜占庭　D. 罗马式

11. 委拉斯贵支之后,西班牙出现了一位欧洲浪漫主义艺术的先驱,他是(　　)

A. 伦勃朗　B. 戈雅

C. 哈尔斯　D. 安格尔

12. 劝诫妇女德行的《列女仁智图》的作者是(　　)

A. 张萱　B. 陆探微　C. 顾恺之　D. 周昉

13. 以画"梵像"著称的画家是(　　)

A. 曹仲达　B. 杨子华　C. 张僧繇　D. 吴道子

14. 以作品《墨竹》闻名的画家是(　　)

A. 郑板桥　B. 林良

C. 张择端　D. 李思训

15. 鲁本斯是 17 世纪佛兰德斯最具代表性的画家,其作品色彩鲜明,形体表现夸张,画面动感强烈,他的绘画风格属于(　　)

A. 巴洛克风格　B. 现实主义风格

C. 抽象主义风格　D. 古典主义风格

16. 17 世纪,荷兰画派常表现的题材是(　　)

A. 宗教故事　B. 历史故事

C. 贵族生活　D. 市民生活

17. 以下颜色中,属于类似色的一组是(　　)

A. 橙与蓝　B. 黄与紫　C. 红与橙　D. 红与绿

18. 下列作品中属于提香的作品的是(　　)

A.《雅典学院》　B.《西斯廷圣母》

C.《酒神节的狂欢》　　D.《创造亚当》

19. 世界上第一部全三维动画长片是1995年诞生的(　　)

A.《千与千寻》　　B.《喜羊羊与灰太狼》

C.《小蝌蚪找妈妈》　　D.《玩具总动员》

20. 介于楷书和草书之间的书体是(　　)

A. 黑体　　B. 宋体　　C. 隶书　　D. 行书

二、填空题(本大题共11小题,每空0.5分,共10分)

21. 四羊方尊是我国________时期的青铜器。

22. 普通高中美术课程以________为根本任务,通过________,引导学生以自主、合作、探究的方式参与美术学习。

23. "古法之佳者守之,垂绝者继之,不佳者改之,未足者增之,西方绘画可采入者融之。"这句话是画家________说的。

24. 抽象艺术的两大类别为________、________。

25. 岭南画派的创始人为________、________、________,简称"二高一陈"。

26. ________是15世纪意大利文艺复兴时期第一位伟大的画家,他的壁画是人文主义最早的里程碑,他以科学的探究精神将解剖学、透视学的知识运用于绘画,是第一位使用透视法表现自然和人类的真实世界的画家。

27. 北宋画家王希孟画的《________》是北宋________画中的重要作品。

28. ________是指运用多媒体设备与技术表达观念、思想与情感的新兴艺术种类。多媒体设备与技术主要包括________、________、________三大类。

29. 宋元时期是山水画的鼎盛时期,其中以画"寒林平远"著称的画家是________。

30. 京剧是我国"国粹"之一,其人物造型分为________、________、净、丑四大行当。

31.《拾穗者》的作者是________,他是法国现实主义绘画的代表人物之一。

三、判断题(本大题共10小题,每小题1分,共10分)

32. "美是数的和谐"的观点是古希腊哲学家苏格拉底提出的。　　(　　)

33. 青铜器是青铜时代的象征,也是中国封建社会造型艺术的基础代表和古代中国文化发展的重要标志。　　(　　)

34. 印象主义不依据可靠的知识,以瞬间的印象作画。　　(　　)

35. 霍去病墓前石刻的主要代表作有《马踏匈奴》《伏虎》《马踏飞燕》。　　(　　)

36. 吴镇是"元四家"中年龄最长的一位,他在"小青绿"的基础上首创"浅绛山水"。　　(　　)

37. 野兽主义的作品风格是强调表现和宣泄感情的重要性。　　(　　)

38. 凡尔赛宫位于法国,是古典主义风格建筑。　　(　　)

39. 牛毛皴常见于吴道子的画作。　　(　　)

40. 现代美术课堂是师生共同参与交流并共同处理信息的课堂。　　(　　)

41. "谨毛失貌"谈的是绘画中色彩的冷暖关系问题。　　(　　)

四、名词解释(本大题共4小题,每小题2.5分,共10分)

42. 审美期待

43. 未来主义

44. 印象主义

45. 吴门四家

五、简答题(本大题共 4 小题,每小题 5 分,共 20 分)

46. 简述吴道子的艺术特点。

47. 简述文艺复兴时期美术的主要特色。

48. 高中美术学科核心素养中“创意实践”的概念是什么?在美术教学中怎么实现创意实践?

49. 普通高中美术课程的根本任务是什么?

六、论述题(本大题10分)

50. 试分析意大利画家卡拉瓦乔的绘画艺术成就和特点。

七、创作题(本大题8分)

51. 首先画出一只动物的写实形象,然后画出其拟人或变形的形象。

八、教学设计题(本大题12分)

52. 请按照所提供的教材页面,设计1课时的教学简案。

要求:

(1)写出一篇规范、完整的课时教学简案。

(2)恰当设定本课的教学目标、教学重点和难点。

(3)合理地设计学习活动和作业要求。

(4)设计至少三个课堂提问。

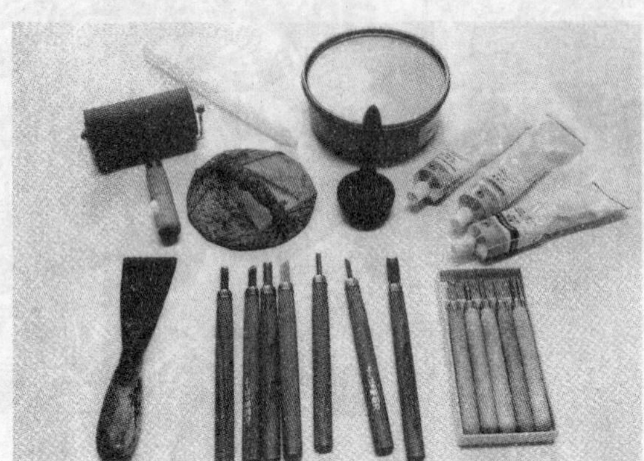

▲ 木版画工具材料

木版画的制作过程基本分为:1.画稿,2.刻版,3.印刷。

1.画稿——根据每个人的不同情况和画面内容的需要,画稿可简略或具体、详细,不必强求一律。但初学者还是应尽量准备认真详细的画稿设计,因为这是制作一幅木刻画的基础和依据,主要应设计好构图、造型结构和黑白灰关系。

五、木版画制作过程

圆刀斑 追逐点 摇刀斑
细雨点 层叠三角点 麻绳斑
暗格点 粗细双层线 破壁斑

▲ 木刻的刀法组织(现代)李桦

A

B

C

D

▲ 鱼的刻制过程(一组四幅)[日本]北冈文雄

▲ 黑白与点线的变化练习（孟加拉）法卢克

▶ 林中小屋（黑白木刻）（现代）王劼音

2. 刻版——是木版画的重要步骤，包括以下内容：

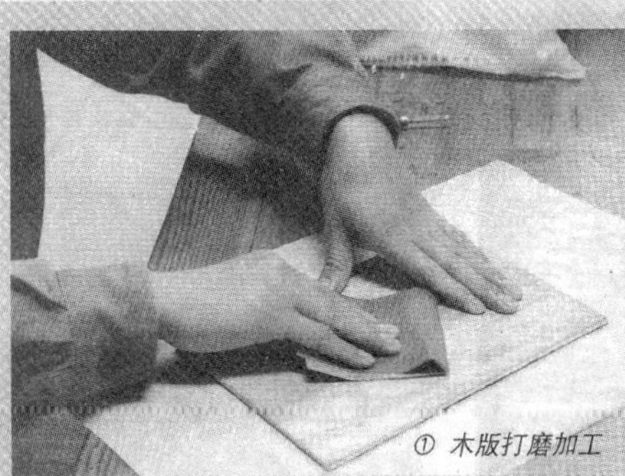

① 木版打磨加工

版材的选择、加工、打磨，可选用木质细致洁净、软硬适度的椴木胶合板。按照画面大小裁割开，用细砂纸细心打磨，使版面光洁。

② 画稿复写上版

把画稿复写或反印到木版上，也可直接在木版上起稿，然后用毛笔勾画定稿。

③ 木版刷色

用灰色或其他颜色涂刷木版，这样在刻版时能看清刀法。也有人喜欢先把木版涂刷成黑色，然后用铅笔在椴木版上起稿，或用白粉画出黑白关系。

④ 加热烤蜡

在木版上加热烤蜡，使蜡油均匀渗入木版，经烤蜡加工硬化的木版更适宜用刀刻制，也可涂刷胶液或清漆（稀释）。

刻版的基本方法是用木刻刀在木版上按照画稿的造型结构和黑白关系进行刻制，简单说就是刻白留黑，在木版上形成凸起的画面。但必须记住，木刻不是复制画稿，木刻是一种版画艺术，是用刀代笔，以木代纸在进行艺术创作，所以木刻不同于一般的绘画，必须要发挥用刀刻木的独特效果，这就是木版画的艺术趣味和特点，即刀味和木味。每个人可以按照自己的想法发挥不同刻刀的效果，如三角刀的刚直尖利，圆刀的圆柔浑厚，平刀的苍劲古朴都具有鲜明的趣味特色，无论是刻点刻线都可自由发挥，放刀直刻。但要注意木刻中的黑白灰构成关系是重要的艺术语言，要学会运用黑与白的强烈对比效果，还要知道重复的点与线能构成画面中的灰色调。木刻中的这种黑白灰构成变化无穷，具有独特的艺术美感。

⑤ 刻版

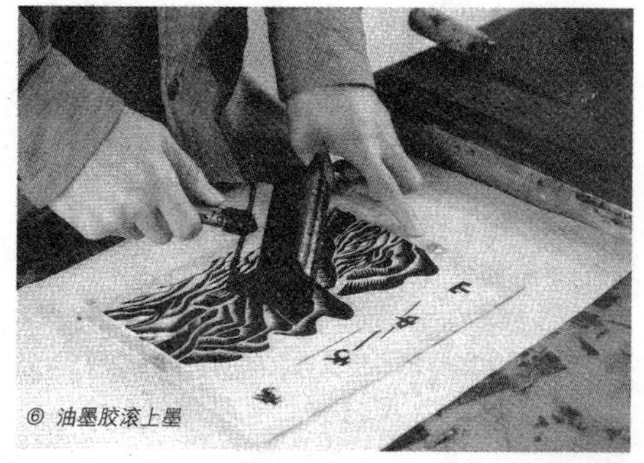

⑥ 油墨胶滚上墨

⑦ 木蘑菇压印

3. 印刷——版画要通过各种“版”的印刷最后才能完成作品，因此印刷是版画制作过程中十分重要的步骤。各种版画的印刷方法也不同，只有充分掌握各种印制技巧，才能达到最理想的版画效果。

木版画的印制方法分为油印和水印两种。黑白木刻是用油墨滚筒在木版凸面上均匀上墨着色，油墨不可太多太厚，然后把印纸放在版面上，通过压力使纸张和版面对印而完成作品。黑白木刻可以用机器压印，也可用手工印刷。手工磨印是用木蘑菇、金属勺、木刻刀柄或其他光洁坚硬的工具，在印纸上磨压，用力要均匀、仔细、耐心，才能达到理想满意的印刷效果。

一幅木版画印刷完成后，还要经过一定的整理，使画面干净、平整、美观，并在画面下边用铅笔签写画题、姓名、年代。最后用衬纸装裱，有条件时还可装入镜框中。

六、木版画的实践与体验

木版画属于典型的凸版画，是在木版上用刻刀雕刻出凹凸形，在凸版面上着色印刷而把图形转印在纸上完成作品，俗称木刻。木刻版画强调物象结构，重“神似”而不苛求“形似”，木刻不是绘画和素描，必须发挥木版画的艺术语言特征。木版画分为黑白木刻和套色木刻两大类。

◀ 山舍（黑白木刻，圆刀）（美国）阿曼德

教师招聘考试预测试卷(十)

中学美术

(满分100分 时间120分钟)

本套试卷共42小题,包括单项选择题(20小题),填空题(10小题),名词解释(4小题),简答题(5小题),论述题(1小题),案例分析题(1小题),绘画题(1小题)。

一、单项选择题(本大题共20小题,每小题1分,共20分)

1. 清代画家石涛曾说"搜尽奇峰打草稿",其中"搜尽奇峰"属于艺术创作过程中的( )

A. 艺术理解　B. 艺术体验　C. 艺术鉴赏　D. 艺术表现

2. 清代从摹习古法、掌握前人经验与程式入手的绘画教科书是( )

A.《程氏墨苑》　B.《芥子园画传》

C.《顾氏画谱》　D.《十竹斋画谱》

3. 颜真卿是( )的书法家。

A. 唐代　B. 宋代　C. 元代　D. 明代

4. 至上主义是二十世纪初( )抽象绘画的主要流派。

A. 俄罗斯　B. 意大利　C. 苏黎世　D. 德国

5. 在色彩中,往一个颜料里加白色,是提高一个颜色的( )

A. 色相　B. 彩度　C. 明度　D. 纯度

6. 下列属于立体主义的代表人物毕加索的作品是( )

A.《弹曼陀铃的少女》　B.《舞蹈》

C.《吹短笛的男孩》　D.《倒立的人》

7. "点如坠石,画如夏云,钩如屈金,戈如发弩,纵横有象,低昂有态"出自( )

A.《四体书势》　B.《笔意赞》　C.《续书断》　D.《唐画断》

8. 被称为"中国花鸟画之祖"的是( )

A. 薛稷　B. 边鸾　C. 黄筌　D. 徐熙

9. 油画《灰树》的作者是( )

A. 达利　B. 蒙德里安　C. 莫兰迪　D. 凡·高

10. 意大利的比萨教堂是( )风格的建筑。

A. 罗马式　B. 巴洛克式

C. 巴西利卡式　D. 拜占庭式

11. 凡·高的作品《向日葵》主要表现的美术语言是色彩和( )

A. 材质　B. 透视　C. 笔触　D. 构图

12. ( )是构思典型或具有典型性的艺术意象的过程和方法。

A. 典型化　B. 意象化　C. 艺术化　D. 形象化

13. 下图所示为( )的作品局部。

A. 阎立本　B. 张萱　C. 周昉　D. 顾闳中

14.《艰苦岁月》是( )创作的铸铜雕塑。

A. 计成　B. 戴逵　C. 潘鹤　D. 吴为山

15. 现存的( )被认为是李昭道的作品。

A.《游春图》　B.《江帆楼阁图》

C.《明皇幸蜀图》　D.《早春图》

16. 元代绘画的主流方向是( )

A. 花鸟画　B. 文人画

C. 风俗画　D. 宫廷绘画

17. 唐代与吴道子齐名的雕塑家是( )

A. 韩伯通　B. 宋法智　C. 吴智敏　D. 杨惠之

18. 被称为"瓷的时代"的是( )

A. 唐代　B. 元代　C. 宋代　D. 清代

19. 下面哪位不属于"南宋四家"( )

A. 董源　B. 夏圭　C. 马远　D. 李唐

20. 首先采用"破墨"山水技法的是( )

A. 张璪　B. 王维

C. 李思训　D. 韩幹

二、填空题(本大题共10小题,每空0.5分,共10分)

21.五代山水画坛有__________、__________、__________、__________几位山水大家,开创了南北山水画风格。

22.云冈石窟位于我国________省。

23.素描基础由________和________等学习内容组成。

24.篆刻是________和________相结合的艺术,是篆刻印章的统称,其印章的字体一般采用________。

25.先秦时代的青铜器从功能上可分为礼器、__________、__________、__________。

26.清代三大木版年画的产地是__________、__________、__________。

27.________是运用一定的媒材及技术表现人的需求、想象、情感和思想的艺术活动。

28.汉代陶俑是秦汉雕塑的一部分,它的主要分类有王侯兵马俑和________。

29.________画是中国传统绘画中重要的风格流派,自元代兴起,明、清以后成为中国画坛的主流,它在创作上张扬个性,强调诗、书、画、印等多种艺术形式相结合。

30.《天书》的作者是________。

三、名词解释(本大题共4小题,每小题2.5分,共10分)

31.洛可可美术

32.昭陵六骏

33.金陵八家

34.《汉谟拉比法典》浮雕

四、简答题(本大题共5小题,每小题6分,共30分)

35.简述褚遂良书法艺术的风格及其代表作品。

36.简述董其昌"南北宗论"的艺术特点。

37. 简述艺术生产。

38. 简述中西方建筑艺术的差异性。

39. 简述鲁本斯的艺术风格及成就。

五、论述题(本大题10分)

40. 论述"清初四僧"的艺术成就。

六、案例分析题(本大题10分)

41. 以下是高中美术绘画模块《版画》的教学片段,请仔细阅读并回答问题。

1. 授课对象:高二年级学生

2. 教学目标:了解版画的起源及分类,初步掌握一至两种版画制作方法。

3. 教学活动片段一:学习版画的起源及分类

课件出示版画起源的标题和文字介绍,教师进行阅读,并让学生进行齐读。紧接着出示课件,版画的分类:凸版画、平版画、孔版画、综合版画、电脑版画,教师通过文字和语言进行介绍,学生听,然后让学生齐读版画的分类。

教学活动片段二:学习版画的制作方法

出示课件:(1)木版画的定义;(2)木版画的分类;(3)制作步骤:绘稿、板材整理、过稿、刻版、选纸、准备印刷材料、点彩、上色、铺纸、压印、干燥、整理。

教师进行讲解,然后学生进行实际操作。

教学活动片段三:课堂评价

学生把自己的作品展示在教室的黑板或墙上,首先向同学介绍自己制作和设计的经验,然后评出自己喜欢的作品,最后由教师进行总结评价。

问题:

(1)请针对教学活动片段一中教师的教学方法作出评价,并说明原因。如果是你来教学,你会怎么做?

(2)在学习版画的初始就安排学习木版画你认为是否合适？为什么？教会学生制作版画除了讲解外还需要用哪些方法来进行教学？

(3)你认为这节课教师采用的评价方式是否合适？为什么？

七、绘画题(本大题 10 分)

42. 请以“鸟”为主题,创作一幅绘画作品。

要求:

(1)用单色(红色除外)表现;

(2)可以增减元素,任意组合;

(3)表现形式和手法不限;

(4)材料不限。